우리에겐 새마음, 새생각, 새전략이 필요합니다.
새로운 태도와 관점이 여러분을 성공하는 방법으로 이끌 것입니다.

함께 도전합시다! 한수 있어요†

yerim lim

안녕하세요. 이형님 영상보고 취직해서 입사 2달째인 신입입니다~ 형님의 말 한마디한 마디가 너무 주옥같네요ㅜ 취준생 뿐 아니라 갓 회사 들어온 신입에게도 너무 좋은 말들 입니다! 아이러니하게도 이 말의 참 가치를 취직하고나서 깨달았습니다. (중략)

박경현

(중략) 면접을 차분히 준비할 수 있었고 전략적으로 접근할 수 있었습니다. 그래서 제 자신에 대한 자신감 또한 생겨 면접관님들에게 느껴졌던것 같습니다. 아마 조금 더 취준을 할거같긴 하지만, 열정과 집요함으로! 더 매끄러이 필살기를 전달 할 수 있도록 하겠습니다. 이형님 영상은 그냥 바이블입니다. 달달외울겁니다. 너무 감사드립니다!

이땡땡

첫 취업 준비였고 대학 입시때도 면접을 본 경험이 없어서 많은 어려움이 있었습니다. (중략) 이형님이 직접 저술하신 책을 통해 모든 사람이 취업에 성공했으면 좋겠습니다. 요즘은 후배들에게도 면접왕 이형의 자료 추천해주고 있습니다. 저도 회사에서 열심히 응원할게요

Grace Seok

진짜 어디에도 없는 귀중한 강의를 이렇게 무료로 해주셔서 얼마나 감사한지 몰라요. 저는 지금 현직자이고, 업에 대한 고민과 앞으로 커리어 준비를 고민하던찰나 이형님 유튜브 알게되었어요. (행운인 것 같아요 정말ㅠㅠ) (중략) 정말 감사해서 덧글 남겨보아요. 이형님 유튜브 보고 앞으로 제 커리어를 위한 욕심과 도전이 생깁니다!! Much appreciated

김지현

이형피셜 필살기는 빠른시간내에 면접에 전혀 준비가 되어있지 않았던 제게 면접준비의
방법을 어떤분보다 정확하게 제시해주으셨으며, "체계적으로" 다음에 면접관 앞에 내보일
수 있게 해주었다고 생각합니다

Grace Moon

지방 소기업에서 일하는 스펙하나 없는 평범한 직장인이었는데 원하는 곳 합격했습니
다! 모의면접 영상의 답변을 거의 외우다시피했던 것 같아요. 자소서부터 임원면접까지
필살기 하나로 끝낸다는 말 정말 그대~로 준비했고 임했고 경험했습니다. 이런 양질의
컨텐츠를 시공간을 초월하여 볼수 있는 시대에 있는것도 감사하네요! 더 많은 사람들에
게 좋은 영향력을 끼치셨으면 좋겠습니다 감사합니다.

가마솥맑은물

내가 어떤 마음가짐으로 어떤 경영인이 되겠다는 생각을 하시고, 그것을 위해 어떤 행
동을 하면 최선의 방향이 될지 생각해보시면 좋은 결과가 있으실거라고 생각합니다. 이
형님의 책을 나만의 것으로 만들어 나만을 위한 책으로 사용하시길 바랍니다

김하루

ㅎㅎㅎ 이형님 1차 면접 때도 보고 들어가고 2차 면접 때도 보고 덕분에 최종까지 합격
했어요 너무 힘들때 이 영상 보면서 힘낼게요 늘 좋은 영상 감사드립니다

면 접
바이블

-------------------- 2.0 --------------------

면접 바이블 2.0 활용 팁

이 책은 IT 플랫폼을 염두에 둔, 여러 가지 시스템적 플로를 가지고 있다. 이 책을 100% 활용하기 위한 몇 가지 팁들을 소개하고자 한다.

유튜브 영상과 함께 학습하자

주요 콘텐츠에는 QR 코드를 심어 두었다. 10분 이내의 짧은 영상이니 글로 보는 것과는 또 다른 경험을 할 수 있을 것이다. '면접왕 이형'이 해를 거듭하며, 이론적으로 설명하기 보다 예시를 보여주는 게 필요하겠다고 생각했다. 그래서 상황극과 리얼리티 콘텐츠 등 실전에 참고할 수많은 영상들이 있으니 꼭 채널을 방문하여 면접 관련한 내용들을 정주행하기 바란다.

**유튜브 채널
면접왕 이형**

**구해줘
형즈**

**면접
웹드라마**

따라 할 수 있는 템플릿을 사용하자

이 책에서 제공하는 템플릿은 수많은 면접자의 리뷰 데이터를 분석하여 개발하였다. 산업이나 영역, 경력 여부에 상관없이 공통된 특성들만을 뽑았으니, 꼭 사용해 보기 바란다. 특히 질문 유형 분류 표와 체크리스트들은 면접을 준비하는 과정과 마치고 난 후 반드시 사용해야 할 양식들이다.

면접 준비 체크리스트 [표 1-1]

항목	내용	잘한 점	아쉬운 점
1	1분 자기소개에서 질문을 받았는가?		
2	꼬리질문을 필살기로 답변했는가?		
3	답변을 두괄식/수치화 되었는가?		
4	경제신문스크랩, 현직자인터뷰, 고객조사 내용으로 답변했는가?		
5	인성질문에 크리티컬한 답변을 하지 않았는가?		

양식 다운받기

질문 유형 분류표 [표 1-2]

항목	분류	받은 질문(개)	비율(%)	보완점
1	필살기 질문			
2	인성 질문			
3	지원동기 질문			
	합계			

주요 파트에 대한 베스트 댓글을 참고하자

'면접왕 이형'채널이 개설한 지 3년이 지나는 시점에 총 조회 수가 4천5백만이 넘고, 그 영상에 달린 댓글만 44만이 넘는다. 엄청나게 많은 질문이 있었고, 그중에 가장 많은 사람들이 궁금해하는 질문에 대해서는 영상에서 답을 할 수 없기 때문에 이 책을 통해서 댓글에 대한 추가 설명을 상세하게 다루었다. 댓글에 달린 좋아요 숫자를 기준으로 내가 설명하고자 하는 것이 제대로 전달되지 않은 부분은 바로잡고, 추가 설명이 필요한 부분을 다루었다. 여러 영상에서 중복되거나 필요에 따라 유의미하다고 느낀 댓글은 우선 추가했음을 밝힌다.

자소서 바이블2.0과 함께 하면 더 좋다

'자소서 바이블2.0'은 이 책의 핵심 개념인 필살기를 표현하는 방법에 대해서 자세히 다룬 책이다. 이 책과 마찬가지로 지원자의 케이스들을 분석하여 필살기를 글로 표현하는 방법에 대해 상세하게 담았다. 면접이 자소서에서부터 시작한다는 점에서, 면접 준비를 넘어서는 취업 준비 방법을 경험할 수 있을 것이다.

자소서 바이블 2.0 표지

[자소서 바이블2.0 주요 목차]

Chapter 1

서류 광탈하는 지원자의 특징

Chapter 2

더 많이, 더 빨리 지원할 수 있는
취업 준비 가이드

Chapter 3

면접관이 중요하게 보는 문항은
따로 있다

필살기 경험 고르기 | 3C4P로 경험 분해하기
자소서 작성하기 | 자소서 퀄리티 높이기

Chapter 4

지원 동기 쉽게 작성하기

Chapter 5

성장과정 / 성격의 장단점

Chapter 6

가장 많이 하는 자소서 실수 유형

Contents

Intro —— 15

Chapter 1

광탈할 수밖에 없는 면접 준비 방법 ———— 21

Chapter 2

성공할 수밖에 없는 면접 준비 가이드 ———— 27

Chapter 3

면접 기본기(필살기/직무) 준비하기 ———— 37

취업 필살기 | 필살기 고르기 | 1분 자기소개 준비하기 | 필살기 면접 연습
면접 질문 리스트 : 직무 검증 면접 시뮬레이션

Chapter 4

인성면접 준비하기 ———— 111

임원면접 마인드셋 | 임원면접 대표 질문 리스트 | 임원면접 어필법
면접 질문 리스트 : 인성 검증 면접 시뮬레이션

Chapter 5

지원 동기 준비하기 ———————————————————— 185

지원동기 | 입사 후 포부 | 현직자 인터뷰가 필요한 이유
면접 질문 리스트 : 지원동기 검증 면접 시뮬레이션

Chapter 6

면접 볼수록 합격률이 올라가는 방법 : 면접 리뷰 ———— 245

Chapter 7

알면 유익한 면접의 포인트 ———————————————— 257

면접 기본기 : 두괄식 화법 | 마지막 할 말 | AI 면접

Outro 인생이 면접이다 ———————————————————— 285

왜 나는 면접에서
계속 떨어질까?

드디어 최종 면접이다. 나는 이번 공채를 주도하고 기획한 채용 책임자로서 그룹 최고경영자와 각 법인의 대표이사들과 함께 인성면접을 진행하고 있다. 한 사람의 이력서와 자기소개서, 직무적성검사 결과를 통계로 분석해 최종 합격률을 예측했고, 합격률이 높다고 판단하는 지원자만 면접에 올렸다. 신입 공채임에도 불구하고 한 사람당 레퍼런스 체크를 3명 이상 했다. 경력은 함께 일한 사람들을 면접까지 마치고 올렸다. 제발 한 사람도 안 떨어지고 다 붙어야만 한다. 그래야만 사업부에서 쏟아지는 TO 요청을 채울 수 있고, 나의 성과 지표를 달성할 수 있다. 많은 지원자들이 나를 볼 때, 자신을 떨어트리기 위해 앉아있는 임원면접관으로 알지만, 실제는 정 반대다. 나는 철저하게 지원자 편이었다. 그들이 합격해야 나도 성과를 내는 것이고, 지원자의 수준과 그들의 말 한마디 한마디는 나와 채용팀을 평가하는 직관 지표로 작동되었다. 나는 면접 내내 지원자가 이런 질문에는 이렇게 답변을 하길 바랬고, 어떨 때는 지원자보다 지원자가 합격해야 할 이유를 더 정확히 파악하고 있었다.

면접을 진행하고 책임지는 입장에서 답답함을 느끼는 상황은 정말 자주 연출된다.

'저 지원자는 이 말을 하면 합격인데… 왜 엉뚱한 말을 하는 거지?'
'그 질문에 그렇게 답하면 어떻게 하나… 함정이잖아!'
'그런 뻔한 내용 말고, 너의 이 경험을 이야기하라고!'

내가 분석한 지원자의 경쟁력은 현장에서 제대로 표현되지도 못하고 안타까운 결과를 통보해야 하는 상황이 있었다. 그럴 때마다 누군가 취업 준비 과정에서부터 올바른 방법을 가르쳐 주고 준비시켜주면 좋겠다는 생각을 했었다. 대기업이라는 특성 덕분에 나는 수많은 직무와 계층을 분석할 수 있었고, 이론이 아닌 실전에서 활용된 유형을 정리할 수 있었다. 이제는 회사 입장이 아닌, 지원자의 입장에서 이론화하고 분해한 내용이 바로 이 책 '면접 바이블'이다. 초판이 대졸 공채의 신입에 특화된 내용이었다면 이번 개정판은 경력 지원자와 면접관에게도 평가에 대한 가이드가 될 수 있도록 보강했다.

면접이 어려운 이유는, 쉽게 예측이 되지 않기 때문이다. 면접이라는 상황 자체가 낯선 것도 있지만, 그것보다는 관점이 너무 다르기 때문이라고 말하고 싶다. 이것은 면접을 공격과 방어로 대변되는 대전 이론으로 바라보는 것에서 오는 문제가 크다고 본다. 흔히 면접관은 질문으로 공격을 하고, 지원자는 방어 논리로 자신의 무결함을 어필한다. 물론, 그런 면이 아주 없다고 볼 수는 없지만, 본질적으로 면접은 내 정보에 대한 사실 확인과 심층 점검이라고 봐야 한다. 지원자는 이미 이력서, 자기소개서, 경력기술서, 포트폴리오 등 서류를 통해서 우리의 생각과 경험을 정리해서 제출했다. 사실 이 단계에서부터 이미 면접은 시작된 것이다.

그럼에도 불구하고 전형이 서류전형과 면접전형으로 나누어져 있기 때문에 마치 시험 보듯이 1교시는 자소서, 2교시는 인적성, 3교시는 면접 이런 식으로 준비를 하는 경우가 많다. 이것은 면접 설계에 대한 이해가 없어서 나타나는 현상이다. 사람을 채용하는 과정은 다 연결되어 있고, 우리의 경험을 제시하는 것 자체가 공격을 하는 것이다. 굳이 대전 논리를 펼친다면, 지원자가 수비가 아니라 공격을 해야 한다. 나는 이 책을 통해서 공격형 면접을 위해 준비해야 할 프로세스와 핵심 요소들을 소개할 것이다. 이론이 아닌 실전으로 준비하자. 금방 할 수 있다.

또 한 가지 확실히 해 두고 싶은 것이 있다. 면접은 누구에게나 어렵고 힘들다. 이건 디폴트 값으로 놓고 봐야 한다. 그럼에도 불구하고 내가 평가받는 자리라는 어려움과 어떤 질문을 받을지 모른다는 불확실성을 이겨내는 방법은 있다. 면접관의 관점을 미리 준비하는 것과 면접 상황에 자주 뛰어드는 것이다. 첫 번째는 이 책을 학습하는 것만으로 해결할 수 있지만, 두 번째는 행동해야 가능하다. 면접은 실전이다. 행동하지 않으면, 수영을 책으로 배운 것처럼 될 수 있다. 막상 부딪쳐 보면 별거 아닌 것도, 머릿속으로만 시뮬레이션을 하면 공포가 엄습하고 두려움이 나를 더 움직이지 못하게 할 수 있다. 가장 효과적이고 효율적으로 학습하고 준비하는 것은 면접 실전이다. 면접을 이론으로 배우려 하지 말자. 많이 부딪친 만큼 이 책을 더 이해할 수 있고, 빠르고 쉽게 보완할 수 있다.

이 책에서 제시하는 방법과 관점으로 차근차근 걸음을 떼기 바란다. 이미 수많은 사람들의 커리어가 열렸고, 두려움을 극복하게 만든 방법을 내 것으로 만들어 보자. 나는 오늘도 분명하고 선명하게 말하고 싶다.

포기하지만 않으면, 반드시 할 수 있다.

CHAPTER 1

Chapter 1

광탈할 수밖에 없는
면접 준비 방법

면접에 대한 잘못된 통념부터 깨야 한다. 면접 바이블의 시작을 통념 파괴부터 시작하는 이유는, 이것만 깨도 면접 합격률은 기하급수적으로 올라갈 수 있기 때문이다. 이 뒤의 챕터들도 모두 숙지하고 준비해야겠지만, 이번 챕터에서 전제와 같이 이야기하는 것이 해결되지 않으면 모든 노력을 물거품으로 만들 수 있다. 지난 3년간 '면접왕 이형'으로 살아가면서 정말 많은 지원자가 이 실수에 갇혀서 시간을 허비하고, 엉뚱한 길로 가고 있다고 확신했다.

첫 번째 실수는 면접을 '말 연습'으로 치부하는 것이다. 면접은 서술이 아닌 구술이기 때문에 '말'의 연습이 필요한 것이 맞지만, 더 중요한 것은 그 말의 '내용'이 무엇인가 하는 것이다. 면접을 준비하면서 말 연습만 하는 것은 마치 자소서를 쓰기 위해서 문법 공부를 다시 하는 것과 같다. 지금까지 정상적으로 살아온 네이티브라면 말 연습은 할 필요 없다. 지금은 그게 필요한 것이 아니라, 내용을 정리해야 한다. 면접을 '말 연습'으로 하는 대표적인 경우는 아래와 같다.

1. 기출 질문에 대한 답변 작성하기 : 면접에서 받는 평균 질문 숫자는 7개인데, 모든 걸 준비해야 할까?

2. 모범답안 암기하기 : 면접에서 가장 힘든 상황은? 외운 내용과 순서가 기억나지 않을 때!

3. '솔'톤으로 목소리를 높이기 : 아나운서 면접을 보는 게 아니라면 왜 이걸 준비하지?

4. 스피치 학원, 이미지 학원 등록 : 이걸로 효과를 본 사람이 주변에 있던가?

5. 취업 컨설턴트에게 모의 면접 보기 : 연습 이상의 의미는 없다.

위의 방식은 기껏해야 수비형 면접을 준비하는 방법이거나, 핵심이 아닌 준비 방법에 불과하다. 물론, 모든 스피치 학원과 이미지 학원, 취업컨설턴트가 도움이 안 된다는 뜻은 아니다. 정말 실력 있는 학원과 컨설턴트라면 더욱 본질적인 내용에 대해서 반드시 다룰 것이다. 그분들을 비난하려는 의도는 아니니 오해 말기 바란다. 무언가를 한다는 측면에서는 심리적 안정감을 느낄지 모르겠지만, 이 질문에 답변을 하지 못하면 아무런 의미가 없다.

"우리 회사가 지원자를 왜 뽑아야 하죠?"

이 질문에 답변하는 것이 면접이다. 이 본질은 뒤로 놔둔 채, 아무리 말투와 외모를 가꿔봐야 말 그대로 뽑을 이유는 없다.

두 번째로 자주 하는 실수는, 서류전형과 면접전형을 분리해서 생각하는 것이다. 면접을 준비할 때, 가장 먼저 해야 할 것은 내가 제출한 모든 서류를 꼼꼼히 읽어보는 것이다. 면접을 여러 번 본 사람이라면 이미 뼈저리게 느꼈겠지만, 내가 어떤 내용을 제출하는가에 따라 질문이 바뀐다. 그래서 면접을 염두에 둔 서류를 작성해야 한다. 이 책에서 일관되게 강조하는 '공격형 면접'은 바로 서류에서부터 면접을 준비하는 것이다. 이런 지원자들이 하는 대표적인 실수는 이렇다.

1. 자소설을 작성한다.
2. 내 경험이 아닌 생각을 나열한다.

3. 합격 자소서 혹은 다른 사람의 경험을 복사, 붙여넣기 한다.

4. 자소서에 없는 내용을 면접 답변으로 사용한다.

5. 새롭고 참신하려고 오버한다.

　나에게 면접에서 가장 중요한 것 두 가지를 꼽으라고 한다면 '자신감'과 '디테일'이라고 정의 내리고 싶다. 자신감이 없는 사람은 자신이 하지 않은 내용을 마치 한 것처럼 꾸미고 있을 수 있고, 디테일이 없는 사람은 어쩌다가 된 요행을 실력인 양 부풀리기 하고 있을 확률이 높다. 면접관이 압박질문이라는 수단까지 써 가며 확인하고 싶은 것은 진실성일 것이다. 우리는 진실된 모습을 면접관의 언어로 전달하면 그뿐이다. 이것을 연습하고 준비하는 것이 면접 준비이지, 없는 것을 꾸며내려고 하면 답이 없다.

　자, 지금부터는 올바른 면접 준비를 시작해 보자.

CHAPTER 2

Chapter 2

성공할 수밖에 없는
면접 준비 가이드

앞서 광탈할 수밖에 없는 면접 준비 방법에 대해 다루었다. 나는 이제 단순하지만 아주 강력한 몇 가지 전략을 이야기하고 싶다.

Step1. 일단 면접부터 본다.

누구나 면접을 잘 준비해서 좋은 결과를 얻고 싶어 한다. 그런데, 내가 말하는 면접 준비의 시작은 아이러니하게도 면접을 먼저 보라는 것이다. 아무 준비 안된 것 같은 때 일단 면접부터 도전해 보자. 면접에 도전해 봄으로써 면접의 준비 포인트를 정확히 파악할 수 있고, 무엇이 부족한지 진단할 수 있다. 어떤 사람은 면접이 보고 싶다고 볼 수 있는 것인가?라고 반문할 수 있지만, 경제가 어렵다 하는 이 시기에도 취업포털에는 면접자를 찾는 수많은 기업들이 있다. 이런 기업들 중에 내가 지원하고자 하는 직무, 산업이 유사한 기업을 찾아 일단 지원을 하자. 명심할 것은, 기업에 입사하자고 면접에 임하는 것이 아니라, 면접이라는 상황을 경험하기 위해서 가는 것이다.

혹자는 그 기업에 너무 예의가 아니지 않은가?라고 말할지도 모르겠다. 하지만, 나는 채용 전형 가운데 서로를 알아가는 시간이기 때문에, 기업이 매력적이라면 아무 생각 없이 지원했다가도 합격한다면 그 기업에 입사하게 될 것이라고 말하고 싶다. 내가 그렇게 첫 면접 본 회사에서 커리어를 시작했고, 나의 직장 생활은 그 기업에서 끝냈다. 면접에서 지원자에게 임팩트를 주지 못했다면, 입사해서도 비슷할 확률이 높다. 그런 사람들까지 붙잡기 위해서 심혈을 기울이는 팀이 인사팀이니 너무 걱정하지 않아도 된다. 그리고 준비되지 않았다면 어차피 좋은 결과를 보기 어려울 수 있으니, 너무 걱정하지 말고 도전해 보라고 말해주고 싶다. 그래도 이 방법이 내키지 않는다면 대안으로 다음 영상을 사용해 먼저 면접 상황에 직면해 보라고 제안하고 싶다.

모의 면접 영상
바로가기

이 영상은 혼자서 모의 면접을 연습해 볼 수 있도록 설계한 영상이다. 최대한 실전 상황에 맞게 준비했으니, 진지하게 나의 질문에 하나씩 답변하면서 가장 어려웠던 질문이 무엇이고, 어떤 보완을 해야 할지 피드백 해보길 바란다.

Step2. 면접 리뷰 데이터 분석

자, 면접을 경험했다면, 두 번째로는 나의 면접 기록을 분석해서 어떤 보완을 해야 할지 정리하는 단계로 넘어가야 한다. 이것을 피드백 분석이라고 한다. 면접은 말이라는 형태로 정보를 주고받는 것인데, 이것을 잘 기록하면 흐름과 맥을 잡을 수 있다. 항상 내가 답변을 못하는 질문과 타이밍이 있고, 유독 나에게만 오는 질문의 내용을 파악할 수 있다. 면접을 마치자마자 감정적인 격양과 후회감은 잠시 뒤로하고, 냉철하게 기억나는 대로 모든 질문과 나의 답변, 면접관의 반응을 상세히 기록해 보자. 일단 기록이 있어야 감정적인 기억에서 벗어날 수 있다. 우리는 면접을 마치고 나면, 내가 실수했던 순간과 답변을 못 했던 순간만 기억에 남고 어려워한다. '면까몰'이라는 단어가 증명하듯 이, 면접은 결과가 나와봐야 안다고 한다. 이것은 감정적 기억에 의존 하기 때문이다. 우리가 감정적 기억을 벗어날 수 있는 방법은 기록을 가지고 분석하는 것이다. 면접 준비의 첫 단계로 면접에 도전해 보라 고 한 것은, 바로 이 면접 리뷰 데이터를 얻기 위함이다. 면접 내용에 대한 속기록을 앞으로 '면접 리뷰 데이터'라고 명명하겠다. 챕터 7에서 좀 더 자세히 방법적인 것을 다루겠지만, 면접을 분석하면 다음과 같 은 방식으로 정리하게 된다.

KML 분석 테이블 & 피드백 (질문유형 분류표) 면접 속기록 예시

[1] 질문 유형 분류표 [표 2-1]

항목	분류	받은 질문(개)	비율(%)	보완점
1	필살기 질문(K)	6	50%	
2	인성 질문(M)	2	20%	
3	지원동기 질문(L)	4	30%	
	합계	12	100%	

[2] 1분 자기소개 [표 2-2]

첫 인사(1줄)	안녕하십니까? 마켓 구불구불 식품 R&D 직무에 지원한 이호호입니다.
필살기1(2~3줄)	저는 창업탐색팀 활동 중, 사전 소비자 인터뷰를 통해 식품에서 맛과 섭취의 간편함을 중요시한다는 인사이트를 얻고, 이를 시제품에 적용했습니다. 그 결과, 창업탐색팀 30팀 중 상위 3팀에 들었습니다.
필살기2(2~3줄)	또한, 유의미한 성과를 내지 못한 선행연구의 문제점을 파악했습니다. 추출물의 A함량이 높고, B함량이 낮다는 문제점을 해결하여 의뢰 회사 내 우수사례로 선정되었습니다.
입사 후 포부(1줄)	제 경험들을 바탕으로 소비자 니즈를 빠르게 파악하고 해결하는 연구개발자가 되겠습니다.

[3] 면접 속기록 내용 [표 2-3]

[K] 유의미한 성과를 내지 못낸 연구는 문제점 파악을 어떻게 하셨어요?

이전 5건의 실험 결과 다시 분석해보았습니다. 당시 실험 결과 보고서에는 각 실험 별 대상이 달라서 공통점이 없다는 결론이 났지만 이를 다시 기준을 설정하여 분석한 결과 공통적인 문제를 발견할 수 있었습니다.

[K] 그걸 어떻게 해결하셨어요?

A함량을 낮추는 것이 중요했습니다. 따라서 해당회사와의 미팅 중에 회사에서 당류를 천연 감미료를 대체하는 것을 알게되었고 착안하여서 실험 재료 변경을 요청했습니다.

[K] 회사는 어떻게 설득하셨어요?

신뢰할 만한 데이터가 있었기 때문에 가능했습니다. A함량을 높이는 감미료에 대한 수치와 이를 낮출 수 있는 대체 감미료에 대해서 대조하여서 설득할 수 있었습니다.

Step3. KML 준비하기

나는 10여 년간 면접관 교육을 기획하여 실제 진행까지 하고, 교육 콘텐츠를 실제 데이터로 증명하고 보완 발전시켜 왔다. 그 경험을 바탕으로 지금도 여러 기업들의 요청에 따라, 면접관들을 교육하고 면접 프로세스를 보완하고 있다. 이때 항상 기준으로 제시하는 카테고리가 있는데, 그것이 바로 KML이다. Knowledge, Mind, Loyalty의 약자로, 직무(필살기) 관점, 인성 관점, 지원 동기로 구분하는 것이다. 이 3가지가 잘 준비되었는데도 안 뽑는 회사는 없다. 면접관 혹은 인사팀을 만나서 이 3가지 관점을 교육하면 대부분 초점이 잡힌다고 이야기한다. 뭔가 찜찜한 지원자는 M 영역이 안 맞아서 함께 무언가를 하기에 걸리는 것이고, 함께 일하기 어렵다는 것은 K 영역이 부족한 것이다. Loyalty가 부족하면 쉽게 이직하거나 퇴사해 버릴 수 있다. 결국 면접의 목적은 몰입해서 이 기업에 다니며 함께 성장할 사람을 찾는 것인데, KML은 그것을 잘 세분화 한 카테고리 역할이 되어 줄 것이다. 이 세 가지 영역에 대한 것은 챕터 3~5까지 핵심적인 내용을 다룰 예정이다. 학습하면서 하나씩 준비해 나가도록 하자.

Step4. 꼬리물기 질문, 관련질문 준비하기

면접과 자소서의 결정적인 차이라면, 꼬리물기 질문 여부이다. 자소서는 내가 작성한 문장을 일방적으로 전달하고 마치지만, 면접은 즉시 질문이 들어오고 그에 대한 답변도 즉답을 해야 한다. 평소에 생각해 놓지 않은 상황이라면 당연히 답변이 힘들거나 엉뚱한 소리를 할 확률이 높고, 거기서부터 멘탈이 무너지면서 면접 전체에 영향을 줄 수 있다. 챕터 6에서 이런 패턴과 관련 질문, 답변 요령을 담아 두었으니 실제로 활용해 보기 바란다.

질문 리스트와 꼬리물기 질문 예시 [표 2-4]

[Knowledge] 직무 관점 꼬리 질문 예시

- 이 경험에서 가장 큰 성과가 있다면 무엇일까요?
  - 다른 사람 혹은 이전 결과물에 비해 우수하다는 것을 어떻게 알 수 있나요?
    - 다른 사람 혹은 이전에 도전했던 사람들이 놓친 것은 무엇인가요?

[Mind] 인성 관점 꼬리 질문 예시

- 함께 일하기 가장 어려운 사람이 누구예요?
  - 리더로 성과 낸 경험을 이야기해 보시겠어요?
    - 팀 모임 할 때, 리더가 편한가요 팀원이 편한가요?

[Loyalty] 지원 동기 꼬리 질문 예시

- 우리 회사 말고 지원하신 기업 3군데만 알려주세요.
  - 그 직무를 꼭 우리 회사에서 해야 할 이유가 있나요?
    - 다른 회사가 연봉을 좀 더 주면 이직하시겠네요?

Step5. 다시 면접에 도전한다.

위의 4단계를 통해서 어느 정도 정리가 되었다면, 이제는 내가 진짜 도전하고자 하는 기업을 여러 군데 정해서 계속 도전한다. 물론, 도전하는 과정에서도 Step1~4는 동일하게 반복해야 한다. 결국 반복에 지치지 않는 자가 승리한다. 면접 바이블에서 제안하는 면접 준비 가이드를 한눈에 보도록 하자.

면접 준비 프로세스 한 판 정리 [표 2-5]

순서	면접 바이블 가이드	관련 챕터
↓ Step 1	면접 도전하기	챕터 2
↓ Step 2	면접 리뷰	챕터 6
↓ Step 3	KML준비	챕터 3~5
↓ Step 4	꼬리물기 질문 준비	챕터 3~5 면접 시뮬레이션
Step 5	목표 기업 재도전	챕터 2

CHAPTER 3

Chapter 3

면접 기본기
(필살기/직무) 준비하기

면접 바이블에서 제안하는 전략들은 '필살기'라는 개념을 기반으로 하고 있다. 필살기를 정리하면, 그걸로 자소서 작성, 1분 자기소개를 해서 어떻게든 그 안에서 질문을 받도록 유도하는 것이다. 물론, 우리가 그런 활동을 한다고 해서 무조건 내 필살기를 물어봐 주는 것은 아니다. 하지만, 내가 제출한 자료에서 질문이 나올 확률이 높으니, 어떻게든 우리는 질문을 필살기로 몰아보자. 그럴수록 성공 확률이 높아진다.

'면접왕 이형'커뮤니티에서 함께 면접을 준비하신 분들의 면접 리뷰 데이터를 분석해 본 결과는 필살기에 집중한 결과를 더욱 상세하게 보여준다. 면접의 특성과 경력, 전형에 따라 조금씩 다를 수 있지만, 다대다 면접이라는 기본 틀 아래 평균적으로 8~15개의 질문을 받는다.

면접에서 지원자가 평균적으로 받는 질문의 개수 [표 3-1]

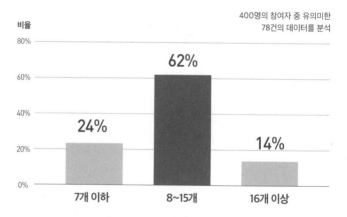

받은 질문의 개수를 필살기(K 질문)로 분류했을 때, 합격자일수록 필살기 질문을 많이 받은 것을 알 수 있다.

합/불 여부에 따른 필살기 관련 질문 개수 [표 3-2]

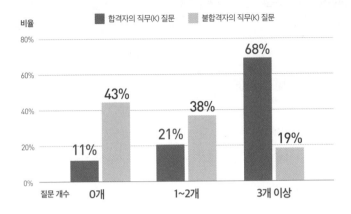

실제 면접에 참여한 데이터를 기반으로 도출한 값으로 볼 수 있듯이, 필살기 관련 질문을 많이 받는 것이 합격 여부에 영향을 많이 준다. 그럴 수밖에 없는 것이, 현대의 많은 기업은 직무역량 중심의 채용을 진행한다. 필살기라고 명명한 경험들이 유사 경험을 지칭하는 것이기 때문에 실제로 들어와서 바로 일할 수 있는 사람을 찾는 면접의 키라고 할 수 있다. 그렇다면, 필살기가 무엇인지 알아보자.

▨ 취업 필살기

채용 프로세스 이해하기

면접을 준비하기에 앞서 채용 프로세스라는 큰 틀을 이해한 뒤, 그 안에서 어떤 말과 단어를 사용할 지 계획해야 한다. 일반적인 취업 준비 단계를 나열하면 아래와 같다.

1) 채용공고, 리쿠르팅 단계에서 정보를 획득한다.
2) 그 정보를 가지고 입사지원서를 작성한다.
3) 직무적성검사를 본다.
4) 1차 면접(직무면접)을 본다.
5) 2차 면접(임원면접)을 본다.

면접 이전의 전형까지는, 뽑을 이유가 없는 사람을 필터링하여 사전에 떨어뜨리는 방식이다. 이를 Negative Selection이라고 한다. 이런 전형 평가 방식이 지원자 입장에서는 억울할 수도 있다. 어떻게 면접도 안 보고 나를 판단하냐고? 나도 그 의견에 대해 일부 동의한다. 하

관련 영상
채용팀 입장에서의 면접 전형 특징과 포인트 (2탄)

지만 구조화된 채용을 진행하는 기업들은 이미 불합격한 지원자의 데이터, 입사했지만 저성과를 내는 직원들에 대한 통계적인 분석 데이터가 쌓여 있다. 확률과 통계는 보통 거짓말하지 않기 때문에 일반적으로는 그 안에서 평가를 진행해도 무방하다. 이뿐인가? 계속 심각해지는 취업난에 지원자들이 많아져, 그들을 전부 정밀 평가하려면 1년 365일 면접만 봐도 쉽지 않다. 그래서 채용의 최종 의사결정은 소수를 깊게 진단하는 면접에서 이루어진다.

면접 단계는 Positive Selection

면접 단계부터는 소수의 지원자 중 뽑을 이유가 있는 사람을 찾는다. 즉, Positive Selection이다.

면접 단계부터는 앞서 진행된 전형과 완전히 다르다. 자기소개서와 직무적성검사 과정에서는, 뽑을 이유가 딱히 없어도 떨어질 이유가 없으면 떨어지지 않는다. 그러나 면접에서는 결격사유가 없어도, 뽑을 이유가 확실하지 않으면 떨어진다.

때문에 면접은 평타 이상을 해내야 한다. 나의 있는 모습은 물론 직무상 강점을 정확하게 전달해야 한다. 직무상 강점이란, 해당 직무에서 어떤 기여와 공헌을 할 수 있는지를 뜻한다.

보통 1차 면접을 직무면접, 2차 면접을 임원면접이라고 말한다. 1차와 2차 면접 중간에 합숙, 토론, PT 면접 등을 보는 회사도 있지만, 대부분 2-3차례 정도 면접을 진행한다. 이 모든 면접 과정을 관통하는 핵심은 '이 사람을 뽑을 이유가 있는가?' 그리고 '이 사람의 경험들이 일관성 있는가?'이다.

1차 / 2차 면접, 어떻게 검증하는가

기업은 당신이 제시한 경험의 깊이와 내용을, 기업 내 핵심인재와 비교하며 통계적 일치 정도를 확인한다. 이는 당신의 모든 경험과 스펙이 포함된 필살기 경험을 검증하는 과정이다. 이에 비해 2차 면접은 인성과 직무역량을 함께 검증하는데, 임원들은 직무역량보다 중요한 게 인성이라고 생각한다.

필살기 경험이 핵심!

모든 면접 과정은, "우리 회사가 당신을 뽑아야 하는 이유는 무엇입니까?"에 답변하는 과정이라 말해도 과언이 아니다. 그렇다면 이를 어떻게 어필하는가? 기업은 당신이 가진 성공 경험을 회사에서 재생산하리라 생각한다. 이는 필살기 경험이다. 즉, 필살기 경험이 핵심이다. 3-5개 정도 준비해서 면접 질문에 답변하자.

핵심 Point!

면접은 채용의 최종 관문이다. 자기소개서, 인적성을 통과해도 면접에서 떨어지면 최종 1승을 할 수 없다. 가장 먼저 필살기 경험을 정리하자. 그다음에 면접에서 할 말을 준비하고, 그 내용에서 질문 받도록 역기획하여 자기소개서를 작성하자. 그래야 일관성 있는 사람이 된다.

Q '경험의 재생산'이 무슨 말인가요?

A　이 질문을 제대로 이해하기 위해서 '구조화된 채용', '구조화된 면접'이라는 기술을 이해해야 한다. 구조화된 기법을 인사제도에 적용하는 이유는 무엇일까? 이것의 뿌리는 과학적 접근법이다.

인간은 사고와 추론, 가설검증이라는 반복적인 활동을 통해서 끊임없이 발전 중이다. 과학적인 접근은 확률적으로 높은 선택을 하게 만들고, 실수를 줄여준다. 과학적 접근을 인사 혹은 채용 프로세스에 접목하면, 이전에 비슷한 환경에서 좋은 성과를 낸 사람을 뽑을 수 있다. 채용이 인사의 70%인 점을 감안했을 때, 신입 또는 경력이건 선발 과정을 꼼꼼하게 할수록 조직 내에서 성공 확률을 계산하기가 쉽다.

물론 대기업의 채용 프로세스, 즉 구조화된 채용 시스템을 설계한 사람으로서, 어떤 부분 아쉬움도 있다. 그 사람이 어떤 상사를 만났고, 어떤 기회를 받았는지에 따라 사람의 잠재력이 폭발하는 시점이 달라지고, 방법도 달라진다. 그렇지만 과학적 접근에서 가장 중요한 건 통제할 수 없는 변수는 제외하는 것이다. 그러다 보니 그 사람의 과거의 경험, 즉 살아온 길을 분해하여 우리 회사에서 얼마나 유능한 삶을 살 수 있는지 분석하고 피드백하는 게 최근 인사관리의 트렌드이다. 이 흐름은 한 시절 머무는 트렌드가 아니고, 앞으로 더 발전하게 될 중요한 변화이다.

명심하자. 앞으로 경험 없이는 그 무엇도 나를 설명할 수 없게 된다. 경험을 만들자. 또 경험을 정확한 관점으로 재해석하여, 다시 적용하자. 그래서 답을 찾아가는 과정을 보여주고, 입사 후에도 동일하게 반복될 성공 경험임을 어필하라. 회사 입장에서 그보다 듣고 싶은 말이 있을까?

잘 본 면접이란?

잨 본 면접이란 무엇일까? 이를 착각하면 마인드셋이 무너지기에 정확히 정리하는 게 중요하다. 면접 중간에 '면접을 완전히 망쳤다'라고 생각하면, 그 뒤의 답변까지 전부 꼬이기 때문이다. 실수하더라도 빨리 잊어버리고 원래 페이스를 찾으려고 노력해야 한다.

CHAPTER 3

일반적으로 사람들이 잘 본 면접이라고 생각하는 몇 가지 기준이 있다.

1) 면접관의 질문에 바로 답변했다.
2) 면접관이 나를 보고 웃었다. (아빠 미소, 함박웃음)
3) 나에게 질문 빈도가 높았다.
4) 옆 사람이 확실히 망쳤다.

위의 4가지 전부 잘 본 면접의 기준이 아니다. 면접관의 질문에 곧바로 답변해도 잘못된 답변이었다면 좋은 결과가 나올 리 만무하다. 또 간혹 떨어뜨릴 사람을 편안하게 해주기 위해 일부러 웃기도 한다. 또 질문이 많다는 건 그리 좋은 사인이 아니다. 면접관이 여러분을 검증하고 있다는 증거이기 때문이다. 면접에서는 짧은 시간에 여러 명

관련 영상
진짜 잘 본 면접: 면접 잘 본 것 같아요? 그 기준이 뭘까요?

의 지원자를 평가하기에, 확실하게 뽑을 사람으로 판단되면 더 이상 질문하지 않는 게 대부분이다. 즉, 한두 개의 질문으로 검증이 끝난 경우가 가장 좋은 케이스라 할 수 있다. 옆 사람이 확실히 망쳤다는 건 나쁜 사인은 아니지만, 내가 잘 본 면접이라는 근거 또한 될 수 없다. 그 때문에 이러한 몇 가지 현상만으로 잘 본 면접, 망친 면접이라고 속단해서 페이스를 잃어버리는 게 가장 안 좋다.

잘 본 면접의 기준은 이것이다!

그럼에도 잘 본 면접이라고 할 수 있는 한 가지 기준이 있다. 바로 '준비한 내용을 잘 전달하고 나온 면접'이다. 즉, 필살기를 다 말하고 나온 면접이다. 필살기는 꼭 어필하고 싶은 가장 중요한 성공 경험이다. 이게 취업의 문을 여는 핵심 열쇠다. 나의 역량, 성공 경험, 관점을 집약한 몇 가지의 필살기를 완벽하게 준비해서 잘 던지면, 그 안에서 꼬리물기 질문을 받더라도 수월하게 답변할 수 있다. 즉, 필살기 안에서의 꼬리 질문은 안전하다. 때문에 필살기를 의도적으로 제시해서 내가 설계한 프레임 안으로 면접관의 질문을 이끌어내는 게 가장 좋다. 그랬다면 심지어 말을 더듬었더라도 면접의 결과가 좋다고 봐도 된다. 필살기에 대해서는 뒤에서 자세히 설명하겠다.

그럼에도 떨어졌다면

"저는 그렇게 했는데 떨어졌어요."라는 사람들이 있다. 그러나 그것 역시 잘 본 면접이라 단언한다. 물론 필살기를 잘 던졌다는 전제하에서 확신하는 것이다.

필살기에는 회사가 당신을 뽑아야 할 이유가 다 녹아 있다. 자신이 가진 최고 강점을 전부 어필했는데도 떨어졌다면, 그 회사와 당신이 맞지 않다는 판단이 가능하다. 맞지 않는 회사에 입사하면 오히려 재앙의 시작이다. 입사하자마자 채 3년도 안 되어 뛰쳐나오는 경우가 이에 해당한다. 잘 맞는 직무 / 산업을 발견한 뒤, 나의 강점을 최대한 발휘할 수 있는 직장을 찾아가자. 이게 성공 취업의 핵심이라는 사실을 기억하자.

⊗ **핵심 Point !**

잘 정리한 필살기를 다 전달하고 나오는 게 면접의 목표다. 보이는 현상에 흔들리지 말고, 자신 있게 필살기를 어필하자!

Q 질문을 많이 받은 면접이 더 알고 싶어서 물어본 거니까 더 좋은 면접 아닌가요?

A 영상에서도 설명했지만, 면접의 속성 자체가 검증을 위한 복잡한 과정이다. 그래서 질문이 많은 경우는 확인되지 않은 점이 많다는 뜻이다. 면접은 '당신을 더 알고 싶고, 당신의 모든 것이 궁금해.'라는 뉘앙스의 사교모임이 아니라, '이 일을 정말로 잘 할 수 있는 사람인가?'라는 적합성을 파악하는 자리이기 때문이다. 면접관의 선택 하나로 부서 혹은 회사의 미래가 바뀔 수 있기 때문에 면접관 입장에서도 면접은 긴장된다. 또 면접관은 자신의 질문과 검증 과정 하나하나를 채용팀 혹은 인사팀이 지켜보고 평가 중이라는 사실을 인지하고 있다. 그래서 보통 여유를 부리기보다 지원자를 낱낱이 파헤치는 데 중점을 두기 마련이다.

물론 일반화할 수 없지만, 내 경험상, 확인할 내용이 없는 지원자는 둘 중 하나다. 물어볼 필요도 없이 합격이거나 혹은 확실히 불합격이다. 그래서 질문을 많이 받는다는 사실 자체는, 긍정도 부정도 아니지만 확실한 합격의 기준 또한 분명 아니다. 지원자 입장에서는 기왕 시간내서 면접에 도전한 것이니, 발언의 기회를 충분히 갖고 말하고 싶겠지만, 사실 가장 좋은 면접은 한두 개 질문으로 파악이 끝나 합격하는 것이다.

이를 위해 자신을 설명하는 기술이 필요하다. 면접관의 관점과 언어로 그들이 궁금해할 정보를 묻기 전에 먼저 제시하고, 오해가 없도록 명확하게 설명하는 것이다. 여러분이 비싼 물건을 사기 위해 여러가지를 비교한다 생각해보자. 입장 바꿔 생각하면 쉽게 이해할 수 있다.

Q 다른 면접자들에 비해 질문 한두 개만 받았는데 좋은 신호가 아닌 것 같아요.

A 질문을 많이 받는 게 좋지 않다고 이야기했지만, 그렇다고 병풍 면접이 좋다는 뜻은 아니다. 앞서 언급한 바와 같이, 질문이 많지 않았다면 확실히 합격 아니면 불합격이다. 면접관들을 교육하고 훈련시키는 인사책임자로서 가장 답답한 경우는, 당연히 걸러졌어야 할 지원자가 면접까지 올라오는 경우다. 그럴 때는 채용팀과 인사팀을 불러 놓고, 교정적 피드백을 한다. 즉, 혼낸다는 말이다. 지원자는 헛걸음을 했고, 회사는 불필요한 검토에 에너지를 썼기 때문이다. 너무도 소중한 시간과 돈을 낭비하는 경우다.

 당신이 병풍 면접을 경험했다면, 2가지의 케이스를 고려해봐야 한다. 면접 전에 이미 선발이 어느 정도 이루어졌거나(내정자 혹은 서류상 검토 완료), 면접에 잘못 올라간 경우다. 둘 다 좋지 않지만 그래도 후자의 경우는, 면접 중간에 반전을 노려볼 수 있는 경우가 있다. 반전을 위한 거의 유일한 기회가 바로 1분 자기소개이다. 나조차도 채용팀일 때, 서류 검토 단계에서 떨어뜨릴 지원자를 올렸다고 피드백 받았지만 자기소개를 들어보니 올바른 판단이었다는 피드백을 들은 경우가 있었다. 이런 경험을 하고 나면 채용팀으로서 뿌듯하고 뭔가 면접관을 이긴 느낌이 든다. 그래서 그 사람에 대한 친밀감이 생기고, 더욱 긍정적인 평가를 하기 위해서 노력했던 것 같다.

Q 왜 떨어졌는지 피드백하고 싶은데 알 길이 없어요. 지원했던 회사에서 해주는 것도 아니고 막막합니다.

A 면접을 피드백하기 위해서는 가장 먼저 기록물이 필요하다. 또렷한 기억보다 흐릿한 필체가 오래 남는다는 말도 있지 않은가? 면접을 마치자마자 바로 기록을 남겨놓는 게 좋다. 이때 핵심적으로 다뤄야 하는 부분은 면접관의 질문 흐름이다. 계속되는 꼬리 질문을 압박면접이라고 생각하며 부정적으로 생각할 수 있지만, 면접관은 아직 확인되지 않은 정보를 물어보는 것이다. 면접관의 질문을 기록하고, 나의 답변 중 어떤 정보가 누락됐고 혹은 의미가 왜곡된 지점이 있었는지를 찾아라. 그리고 필살기를 잘 답변했는지 피드백해보라.

 면접에서 계속된 꼬리 질문을 받았다면 지금 면접관과 의사소통이 안 된다는 것이고, 이 지점을 찾아야 교정이 가능하다는 뜻이다.

 모든 면접은 교정이 가능하다. 유사경험, 성공 경험이 있는 경우에는 두괄식으로 전달하면 되고, 제시할 경험이 없다면 만들면 된다. 계속된 탈락으로 면접 자체가 두려워지는 게 최악이다. 교정하고 피드백하면 결과가 바뀔 수 있다는 점을 명심하고, 이를 위해 기록과 분석을 해라.

 뒤에서 설명할 면접 리뷰 데이터로 나의 답변을 분석해보자. 어떤 내용이 누락됐고, 다시 면접 볼 때 면접관이 질문할 내용을 어떻게 먼저 제시할지 준비해보자. 면접은 연습한 만큼 는다. 입을 열어 말해봐야 한다.

필살기란?

면접 준비의 정점은 필살기이다. 현재 당신이 채용 프로세스의 어떤 단계에 있든 중요하지 않다. 무조건 필살기를 준비해야 한다. 필살기가 준비되면 자소서-직무적성검사-면접까지 한방에 해결 가능하다. '일관성'이 생기기 때문이다.

취업 필살기

필살기는 '유사경험 + 성공 경험 + 인사이트'의 조합이다. 인사이트를 찾기 힘들다면 '유사경험 + 성공 경험'만으로 구성해도 좋다. '성공 경험'은 반드시 있어야 한다. 이에 대해 다음 장에서 더 자세히 설명하겠다.

필살기는 "당신을 뽑아야 하는 이유가 무엇입니까?"라는 핵심 질문에 대한 최선의 답변이다. 당신이 먼저 필살기를 제시하면, 면접관은 합격시킬 근거를 찾기 위한 에너지를 덜 쓰게 된다. 즉, 필살기가 정리된 사람은 평가하기가 쉽다. 필살기의 사실 여부만 확인하면 끝난다. 때문에 면접관은 필살기에 대한 '수치화된 검증'을 할 것이다. "그때 어땠나요?", "뭐가 어려웠나요?", "그때 왜 그런 생각을 했죠?" 등의 질문

관련 영상
취업필살기: 자소서부터 면접까지 한방에 해결하자!

으로 말이다. 하지만 우리는 이미 필살기를 정리했기에 수월하게 답변할 수 있다.

필살기 유무의 차이는 매우 분명하다. 가장 먼저, 필살기가 있는 사람은 반드시 어필해야 할 핵심 포인트를 이미 정리했기 때문에 면접에서 흔들리지 않는다. 이미 면접장에서 눈빛, 텐션 등이 눈에 띄게 다르다.

필살기는 약 3-5개 정도로 준비하면 된다. 2개 정도는 1분 자기소개 때 사용하자. 1분 자기소개가 끝나자마자 필살기에 대해 질문받는 게 가장 좋다. 내가 준비한 프레임 안으로 면접관을 끌고 올 수 있기 때문이다. 검증을 위한 꼬리 질문이 들어와도, 필살기에 이미 나를 뽑아야 하는 근거가 준비되어 있기에 확실히 답변할 수 있어 더욱 좋다. 혹여 필살기와 상관없는 질문을 받았어도 당황하지 말자. 중요한 질문이 아니다. 중요한 건, 필살기와 연결된 질문에 똑바로 답변했는가이다. 준비한 필살기를 던졌다면 성공적인 면접을 본 것이다.

1분 자기소개 후 필살기 질문 받아본 합/불합격자의 응답 [표 3-3]

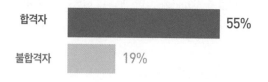

합격자	55%
불합격자	19%

핵심 Point !

필살기가 핵심이다. 여기에 가장 많은 에너지를 쏟자!

[Youtube 댓글 질문] ㅅㅇ

Q **"왜 그렇게 열심히 했어요?" 라는 말에 성실성 말고 무엇을 어필해야 하나요?**

A 그럴 때는 "성공 경험을 쌓고 싶어서, 혹은 목표를 달성하고 싶어서!"가 가장 적절한 답이 아닐까? 나의 주도성과 집요함을 동시에 보여줄 수 있고, 입사해서 어떤 일을 맡게 되어도 그와 같이 일할 것이라는 암시적 표현이 된다. 나의 기질과 성향에 상관없이 목표를 향한 집념은 모든 비즈니스맨에게 필요한 덕목이다. "왜 그렇게 열심히 했어요?" 라는 질문에는 많은 의미가 있다. 당신의 노력과 열심을 격려하고 칭찬하는 동시에, 동기가 무엇인지 확인하고 싶은 것이다. 특별한 동기가 없다면 재생산되기 어려운 경험이다. 즉, 그 동기가 우리 회사에서도 동일하게 작동할지 검토하는 단계라고 보면 된다.

지금까지 어떻게 살아왔건 간에, 그게 중요한 게 아니라 취업을 준비하는 이 시기에 당신의 마인드를 다시 정리하는 게 핵심이다. 목표는 달성하기 위해 존재하는 것이고, 끊임없이 목표를 향해 달려가는 것이 비즈니스라는 사실을 머릿속에 장착하자.

Q 제 필살기가 뭔지 어떻게 찾을 수 있나요?

A 필살기는 나만의 경험이기 때문에 본인이 가장 잘 안다. 본인의 경험 리스트를 뽑아 뒤에 설명할 경험 리스트업에 정리해보자.(72p) 일대기 순으로 정리해도 좋고, 머릿속의 임팩트가 큰 순서대로 해도 좋다. 중요한 건 지원 직무와 유사한 경험 내에서 성공 경험을 발견하는 것이다.

 2가지 중에서 헷갈린다면, 일단 성공 경험 중심으로 뽑아보자. 성공 경험에서 유사경험으로 연결하는 게 더욱 빠르고 효과적이다. 유사경험은 경험의 질, 즉 깊이 있는 경험임을 증명하기가 쉽지 않은데, 성공 경험은 숫자와 결과물로 그것을 쉽게 설명할 수 있다.

[Youtube 댓글 질문] 신두끼

Q 긴장해서 버벅거려도 필살기로 커버되나요?

A 물론이다. 긴장으로 인한 버벅거림은 면접 결과에 큰 영향을 미치지 못한다. 영향을 주더라도 아주 근소한 차이 정도이다. 간혹 작은 차이를 마치 엄청난 차이인 것처럼 생각해서 면접 화법 등을 열심히 연습하는 경우가 있다. 수천 명을 면접 본 입장에서, 이는 전혀 중요한 요소가 아니다. 면접관도 지원자가 긴장할 수 있음을 이해하고, 여기에서의 모습보다 중요한 건 평소 모습이기 때문이다. 입사해서 상사나 동료와 이야기할 때도 항상 떨고 긴장한다면 문제겠지만, 그런 사람이 얼마나 되겠는가? 면접관도 이를 알고 있다. 오히려 면접 장소에서 말 잘하는 사람이 임기응

변이 강한 사람이라고 정의할 때도 있다. 말을 잘하고, 아이디어가 있는 게 아니라 그냥 임기응변 능력이 뛰어난 사람이라 파악하는 것이다.

나는 통계적으로 그 사실이 맞다는 걸 경험했다. 면접에서는 말을 참 잘했는데, 그 순간만 모면하는 경우가 있다. 당시에야 그게 잘한 것처럼 보이겠지만, 현장에서 일할 때도 그런 식으로 순간만을 모면하는 사람은 결코 문제를 해결하지 못한다. 그래서 정말 중요한 것은 그 사람이 말을 더듬는가 아닌가가 아니라, 그 사람이 한 경험을 검증하는 것이다.

[Youtube 댓글 질문] SION PARK

Q 필살기 정리해서 말할 때, 예상질문을 도출할 수 있는 방법이 있나요?

A 필살기를 정리할 때 3C 4P frame을 제안한다. 이것은 배경이 되는 3C를 먼저 정리한 뒤, 결과물을 구체화하는 4P를 정리하는 방식이다. 사실 이 정도 정리하면 면접 질문의 대부분은 답변 가능하다. 3C는 Why에 대한 구체적이고 깊이 있는 답변이 되고, 4P는 So what? 에 해당하는 모든 질문을 답변할 수 있도록 돕기 때문이다. 면접관으로서 So what? Why so? 라는 2가지 질문 조합으로 대부분의 검증을 완료한다. 이를 어떻게 사용하는지는 뒤쪽에서 자세히 다루도록 하겠다.

면접은 필살기 정리, 자기소개 정리, 예상질문과 꼬리질문 대비로 사실상 모든 준비가 끝난다. 이후 현직자 인터뷰, 임원 커리큘럼 학습, 대화를 원활하게 하기 위한 과정까지 나오니 책의 끝까지 잘 따라오기 바란다.

유사경험

유사경험은 지원직무와 연결된 경험이다. 군이 해당 직무가 아니더라도 지원직무와 비슷한 경험도 괜찮다. 예를 들어 마케팅 지원자라면, 프로모션과 연결된 아르바이트 경험도 유사경험에 해당한다. 지원하는 직무를 어깨너머로 볼 수 있던 어떤 경험까지도 가능하다.

유사경험, 왜 중요할까?

그렇다면 유사경험이 필요한 이유가 뭘까? 사업과 산업에 빨리 적응할 수 있는 사람임을 증명하기 때문이다. 입장 바꿔 생각해보자. 어떤 사람을 뽑았는데 내가 하는 말을 빠르게 이해하고 배우면 얼마나 편하겠는가? 즉, 유사경험이 있는 사람일수록 함께 일하기 편하다. 때문에 면접관은 일 잘하는 사람을 판단하는 기준으로 '유사경험의 유무'를 중요하게 생각한다. 그래서 지원하기 전에 미리 유사경험을 만들어 놓는 게 유리하다. 짧더라도 괜찮으니 지금이라도 만들자. 경험이 많을수록 경쟁력이 상승한다.

아직 시간이 있다면, 내 경험을 어디에 쏟고 어떻게 쏟을지에 대해 지금부터 전략적으로 계획해보자. 아니라면 내 삶을 연대기순으로 돌아보며, 지원 직무를 설명할 수 있는 유사경험을 찾아보자.

유사경험 정리법

유사경험의 핵심은 '고객 관찰'이다. 유사경험을 통해 업무와 용어를 이해하는 것도 필요하지만 '고객을 관찰한 경험'이 가장 중요하다. 다음에서 유사경험을 정리하고, 만들 수 있는 방법을 제안한다.

첫째, 고객이나 현직자를 관찰할 수 있는 장소는 어디라도 가보자. 예를 들어 편의점 아르바이트를 할 때, 본사 영업관리자를 만나게 된다. 본사 영업관리자가 정기적으로 매장에 와서 사장님과 나누는 대화를 들어보자. 이를 통해 업무 프로세스와 중요한 포인트를 알 수 있다.

둘째, 의사소통을 관찰하자. 사무실에서 일하는 아르바이트 또는 인턴은 무조건 해보기를 권한다. 사무실에서 오가는 대화를 듣다 보면 어떤 사람이 핵심 인재이고 인정받는지 보인다. 때문에 아르바이트나 인턴을 구할 때 너무 조건만을 따지지 말자. 그곳이 유사경험을 만드는 데 적합한 장소인지가 중요하다. 사무실에서 일하거나 고객 동선을 관찰하고 현직자의 대화를 관찰할 수 있는 곳이라면 무조건 해보기를 추천한다. 그 기간 동안 사람들의 대화를 들으면서 어떤 사람이 인정받고, 그렇지 않은지 등을 관찰하고 기록물로 남겨두자. 그 내용을 통해 인사이트까지 정리할 수 있다.

셋째, 고객을 관찰하자. 고객의 동선, 구매 패턴, 기호 등을 날마다

관련 영상
필살기 Step 1: 유사경험 (feat. 돈벌려고 했던 알바경험으로 면접을 붙는다고..?)

관찰하고 기록물로 남겨보라. 관찰 기록이 모이면 엄청난 자산이 된다. 이공계라면 교육 프로그램에 참여해서 현직자 강사에게 마음껏 질문하자. 질문 과정에서 유사경험에 대한 이야깃거리를 얻을 수 있다.

넷째, 기록하자. 유사경험을 하면서 관찰한 내용을 반드시 기록해두자. 그 기록물을 면접 전에 나의 언어로 재해석하기만 하면 된다. 1)관찰했는가? 2)기록물이 있는가? 3)기록물을 가지고 나름의 생각을 정리했는가? 이 3가지 때문에 유사경험이 중요하다.

아무리 생각해도 유사경험이 없는가? 단 일주일이어도 괜찮으니 단기 아르바이트, 인턴에 도전하기를 권한다. 그냥 해보자! 유사경험이야말로 직무 정보를 빠르고 쉽게 얻어낼 수 있는 길이다.

⊗ 핵심 Point !

유사경험이 많을수록 사업과 산업에 대한 적응도가 높은 사람임을 어필할 수 있다. 면접에서 해당 직무에 쉽게 적응하여, 바로 전투력을 발휘할 수 있는 사람으로 보일 것이다. 때문에 유사경험은 취업 필살기의 첫 번째 요소이다. 그러니 안 된다고 하지 말고 빨리 해 보자! 하면 무조건 된다.

Q 유사경험이 결국 경력자 뽑겠다는 소리?

A   유사경험을 이야기하면 많은 경우 이렇게 오해하는데, 경력과 경험은 다르다. 신입은 유사경험으로 충분하다. 경력은 업으로 삼을 만큼 풀타임으로 그 일에 전념했던 기간을 말한다. 그리고 3년 미만의 경력은 거의 인정받지 못한다. 즉, 여러분이 경험하는 일의 대부분 경험에 해당한다. 그러니 짧더라도 최대한 유사경험을 하기 위해 노력해라.

  기업 입장에서는 당연히 경력같이 준비된 신입사원을 뽑고 싶지 않겠는가? 협상의 기본은 상대방의 입장에서 생각하는 기술이다. 내가 사람을 뽑는 입장이라면 대체 어떤 사람을 뽑고 싶을까? 한 사람은 이미 경험이 있고 그 안에서 나름 인정받은 증거가 있다. 반면 다른 한 사람은 아무 경험도 없이 자신이 잘 할 수 있다고 주장만 하고 있다면?

  당연한 사실을 받아들이지 못하면, 비즈니스가 맞는 사람인지 스스로를 돌아봐야 한다. 나는 이 시대에 너무 많은 거짓말이 있다고 생각한다. 준비하지 않은 자신을 알아주지 않는다고 사회에 저항하는 게 바른 태도인가? 그렇다면 열심히 준비한 사람에게 어떻게 공평한 기회가 주어질까?

Q 유사경험을 하는 중인데 어떻게 수치화된 경험을 뽑아내야 할지 모르겠어요.

A   이때 목표라는 게 필요하다. 목표를 가지고 전진하고 있는가? 타임 트래커(시간 관리 노트)를 쓰는 사람이라면 훈련되고 있겠지만, 모든 목표는 수치화가 돼야 한다. 매일의 삶, 매주 간의 삶, 매월의 삶이 수 치로 세팅되고, 그것을 달성하기 위해 시간을 보내는 것이다. 그것이 비즈니스 생리다. 목표가 불분명하면 시간이 지나도 얻은 게 없고, 수 치화할 것도 당연히 없다.

　현재 경험을 하고 있거나 계획 중이라면, 그 경험에서 어떤 목표를 달성할지 고민하자. 목표는 보통 조직 혹은 상사를 통해 전달되기도 하고, 그렇지 않다면 스스로 세울 수도 있다. 아무도 요구하지 않아도 스스로 목표를 설정하는 사람이 진정한 지식근로자다. 주도성과 적 극성, 열정을 표현하기에 이보다 좋은 소재가 없다. 아무도 시키지 않 아도 항상 목표를 설정하고 더 높은 목표에 도전하는 사람, 정말 그렇 지 않은가?

　수치화된 경험을 정리하고 싶다면, 반드시 수치화된 목표를 가지고 있어야 한다. 그것을 피드백하면서, 수치화된 경험이 완성되는 것이 다. 타임트래커는 당신의 삶에서 이 부분을 최적화하기 위해 개발한 노트이다.

Q **이미 지나간 유사경험인데 당시 기록하지 못했다면 어떻게 해야 하나요?**

A 이 경우에는 '유추'와 '조사하기'라는 2가지 접근법이 있다. '유추'는 당시에 얼마가 나왔을지 대략적으로 가늠해보는 것이다. 하루 매출이 정확히 기억나지 않더라도, 하루 판매량이 대략 50개 정도이고 상품의 평균 가격이 3만 원이었다면, 하루 매출을 150만 원 정도로 유추할 수 있다.

수치화된 기록으로 정리하는 과정이 필요한 건, 회계 / 재무처럼 원 단위의 정확성을 어필하는 게 아니다. 핵심은 그 경험에 대한 객관적인 근거를 제시하는 것이다. 그렇다고 없는 이야기를 만들어내면 거짓말이니 주의하자. 경험한 내용을 조금 더 신뢰도 있고, 객관적으로 보이기 위해 유추하는 것뿐이다. 크게 다르지 않다는 전제하에 말이다.

두 번째 접근법인 '조사하기'가 훨씬 더 좋다. 당시 함께 했던 동료나 상사에게 물어보는 것이다. 많은 경우 아르바이트나 인턴과 같이 경험이 스쳐 지나가다 보니, 기억을 못하는데 당시 상사는 아직도 회사를 다니고 있을 수 있다. 어떤 수치가 있었는지 조언해달라고 연락 하는 것은 어떨까? 직접 찾아가서 차 한잔 마시면서 당시의 추억을 회고하고, 숫자에 대해 확인하는 것도 좋은 방법일 수 있다.

취업 준비 과정에서 함께 했던 분들에게 연락하면서 안부도 전할 수 있다. 인성이라는 것은 대단한 활동이 아니라 이렇게 작은 것에서부터 시작되는 것이다. 과감하게 연락하고 물어보자.

Q 유사경험이 중요하다면 쌩신입보다 중고신입이 더 유리한가요?

A 우리에게 필요한 건 유사경험 정도지 꼭 경력은 아니다. 어떨 때는 그 어설픈 경력으로 고정관념이 생겨버리는 경우가 있다. 예를 들어 근무 기간은 1년도 안 되는데 10년은 근무한 과장님 포스를 풍기는 사람이 있다. 그런 중고신입은 오히려 독이 된다. 신입을 선발하는 목적은 조직에 새로운 바람을 불어넣기 위함이다. 그런데 신입사원이 김이 빠진 콜라 같으면 과연 뽑고 싶을까?

기본적으로 신입은 열정과 도전이 있기에 투입하는 것이다. 아무것도 모르니, 뭔가 도전하려 하고 새로운 제안을 하는 열정을 보인다. 그 열정이 조직에 신선함을 불어넣는다. 그렇지만 너무 개념 없는 도전과 제안은 오히려 조직을 지치고 피곤하게 만든다. 그래서 유사경험으로 어느 정도 핀트를 맞출 수 있는 인재를 선호하는 것이다.

성공 경험

필살기의 두 번째 구성요소는 성공 경험이다. 유사경험 내에서 성공한 경험이 가장 좋지만, 유사경험이 아니더라도 성공 경험이라면 사용할 수 있다. 중요한 건 성공했다는 것이다. 한 영역에서 좋은 성과를 내는 사람은, 어느 곳에 가든지 좋은 성과를 낸다. 이처럼 구조화된 면접의 핵심은 **성과를 재생산할 수 있는 사람인가**를 검증하는 데 있다. 그래서 유사경험, 성공 경험, 인사이트의 조합인 필살기가 중요한 것이다.

어떤 일을 맡아도 성과를 내는, 성과를 향한 집념이 있는 사람으로 보여야 한다. "유사한 직무, 산업, 직장에서 이러한 성과를 낸 경험이 있으니 뽑아주세요."라고 어필하자.

성공 경험 도출하기

성공 경험은 수치화된 비교우위를 말한다. 이는 놀라운 성공을 말하는 게 아니다. 비슷한 조건의 다른 사람들과 비교해서, 조금이라도 더 우월한 영역을 찾아내면 된다. 경험 내에서 비교우위 요소를 찾아내고 수치화하여 설명해보자. 어떤 액션을 취하기 전과 후의 차이가 명확한 게 성공 경험이다. 예를 들어 이전에 없던 게 창출됐거나, 몇 % 성장했다고 말할 수 있다면 성공 경험이다.

Before & After의 차이가 명확한 것, 무에서 유를 창출한 것, 숫자가 낮은 쪽에서 높은 쪽으로 성장한 것. 이 3가지 요소에 해당하는 성공 경험을 뽑아내 보자. 중요한 건 성공의 크기가 작더라도 그 경험을 이 3가지 요소에 연결시키는 것이다.

성공 경험 만들기

해당하는 경험이 없다면 지금 당장 성공 경험을 만들자. 이때 알아야 하는 핵심 포인트가 있다. 첫째, 지원직무와 유사한 분야에서 만들자. 경험을 쌓기로 마음먹었다면, 기왕이면 유사경험을 만드는 게 좋다. 둘째, 수치화된 목표를 미리 세우고, AAR 프레임으로 피드백하자. After Action Review는 '얻고자 하는 것, 얻은 것, 차이와 원인, 계속해야 할 것 / 버려야 할 것'을 기록하는 것이다. 이 간단한 프레임이 작은 성공 경험을 훨씬 눈에 띄게 만들어줄 것이다. AAR 프레임 피드백은 당신이 목표를 달성하는 과정을 피드백하는 사람임을 증명해준다. 셋째, 해당 직무에서 이 성공 경험을 어떻게 재생산 할 것인가의 관점으로 피드백을 마무리하자.

관련 영상
필살기 Step 2: 성공 경험 (feat. 유사경험 없다는 애들 일단 들어와봐~)

핵심 Point !

필살기의 핵심은 성공 경험이다. 경험이 있다면 위에서 제시한 세 가지 요소의 관점으로 재해석하자. 없다면 지금 당장 만들자. 절대 늦지 않았다. 충분히 할 수 있다!

[Youtube 댓글 질문] 햄스터행복한

Q **제가 가진 경험이 면접관이 원하는 성공 경험인지 판단할 수 있는 방법이 있나요?**

A 성공 경험은 모든 영역에서 환영받는다. 직무와 유사한 경험 내에서의 성공 경험이 가장 좋지만, 꼭 그렇지 않더라도 한 분야에서 성공 경험이 있다면 분명히 환영받는다. 작더라도 성공 경험을 가진 사람은 자신감이 남다르다. 다른 영역에 가거나 다른 역할을 맡게 돼도 추진력이 뛰어나다. 그래서 성공 경험을 중요하게 생각하는 것이다.

경험의 크기에 상관없이 스스로 목표를 설정해서 달성하는 기쁨을 누린 적이 있는가가 중요하다. 수치가 좋아진 흔적이 있거나, 없던 것에서 유를 만들어 낸 경험, 나의 액션이 있기 전과 후가 명확한 차이를 보인다면, 그것은 분명한 성공 경험이다.

여기서 명심해야 할 사실이 있다. 내가 들어가기 전과 후에 무엇이 바뀌었는가이다. 이에 대해 항상 생각하면서 목표를 스스로 설정해보자. 이런 생각을 하는 사람과 그렇지 않은 사람은 목표와 시간 사용이 확실히 구별된다.

Q 대학생 기준에서 성공 경험은 어떤 것이 있나요?

A 성공 경험은 대단한 경험이 아니다. 나의 행동을 통해서 무엇이 변했는지를 설명할 수 있으면 된다. 대학교까지는 대부분 학업성취도로 평가받는다. 그래서 조직 관점에서의 성공 경험을 정리하기가 쉽지 않다.

기업은 조직이다. 사람들이 모여서 함께 서로의 단점을 커버해주고, 강점을 극대화해서 공동의 목표를 달성하는 일을 한다. 대학생 기준에서 아르바이트나 인턴 등에서 유사한 성공 경험을 가질 수 있지만, 그렇지 않더라도 팀 스터디 등을 성공 경험으로 정리하는 게 중요할 것 같다.

함께 일해서 서로의 강점으로 어떤 목표를 달성한 경험이면 충분하다. 그런데 많은 질문이 "학점을 잘 받은 것이 성공 경험으로서 의미 있는가?"라는 질문이다. 아쉽게도 학점 자체로는 다소 아쉽다. 학점은 어떤 결과를 평가받은 내용인데, 교수님의 성향과 관계, 다른 기타 변수에 따라 변하기 때문이다. 목표를 달성하는 과정에서 모두가 납득할 수 있는 결과물을 제시하는 게 가장 좋다. 실험 결과라던가, 다른 사람들의 반응 및 참여도, 실제 판매한 경험 등 일반적인 사람들이 이해할 수 있는 형태라면 무엇이든 좋다.

성공 경험에 대한 정의는 본인 스스로가 가장 잘할 수 있다. 의미있는 성공 경험이라면 그것을 수치화해서 자신있게 이야기하자. 내용만큼 중요한 것이 나의 자신감과 확신이다.

인사이트

인사이트는 통찰력과 비슷하다. 필살기에 인사이트가 필요한 이유가 무엇일까? 필자가 면접관으로서 답답할 때마다 "진짜 아무 생각없이 했네."라는 말을 자주 했다. 상사, 면접관 입장에서 아무 생각 없이 행하는 사람을 보면 가장 답답하다. 그런 사람은 성장이 어렵다

인사이트는 '나만의 생각을 정리하여 정확하게 말하는 것'이다. 이를 잘못 전달하면 단순히 나의 선호도 정도로 격하될 수 있다. 때문에 사업과 연결시켜야 한다. 즉, 나의 직무 / 산업 / 직장과 연관된 나만의 생각을 인사이트로서 정리해야 한다.

필살기의 화룡점정, 인사이트

구조화된 면접을 분석하며 깨달은 한 가지 사실이 있다. 핵심인재들은 나름의 철학이 있다는 사실이다. 그들은 아무 생각 없이 행동하지 않는다. 무엇을 선택하거나 어떤 액션을 취한 이유가 분명하다. 생각이 깊다. 이게 중요한 이유는, 예상치 못한 상황에서 그들이 어떻게 돌파할지가 기대되기 때문이다.

또 인사이트가 있다는 건 학습능력이 있음을 뜻한다. 그들은 자신의 성공 경험을 해석할 줄 안다. 성공 경험을 통해 무엇을 배웠고, 자신이 무엇 때문에 성공했는지를 스스로 깨닫는다. 때문에 그들은 성과를 재

생산할 수 있다. 즉, 인사이트는 여러분의 필살기 속의 성공 경험을 훨씬 격조 있게 만들어준다.

인사이트, 어디서 얻는가

각 직무와 산업의 구루(guru)격에 해당하는 사람들이 있다. 예를 들어 경영은 피터 드러커, 반도체는 권오현, IT업계는 스티브 잡스 등이다. 구루는 해당 영역의 세계 최고 수준인 사람을 뜻한다. 그들 대부분은 책, 논문, 아티클을 정기적으로 발표한다. 그 내용을 공부하자. 그리고 학습한 내용 중 자신의 성공 경험이 어디에 해당하는지 분석해보자. 얼마든지 할 수 있다.

예를 들어 마케팅은 〈그로스 해킹〉이라는 책을 추천한다. 거기에는 마케팅의 여러 단계가 나온다. 여러분이 대단한 생각을 하지 않고 경험했을지라도, 그 책에서 제시하는 각 단계에 나의 경험을 맞춰보는 것이다. 그러면 나의 의도, 생각, 관점이 구루의 수준으로 올라간다. 이는 여러분의 성공 경험을 더욱 강력하게 만들어준다.

여러분의 유사경험과 성공 경험에 방점을 찍는 것, 내가 이 정도의 생각과 깊이를 가지고 경험을 했다는 것, 그 경험을 완성도 있게 포장

관련 영상
필살기 Step 3 : 인사이트 (면접관의 언어로 풀어주는 친절함까지..)

하는 게 인사이트다.

먼저 경험이 있어야 한다. 성공 경험 / 실패경험을 만들거나, 내 삶에서 찾아보자. 이후 그 경험을 해석하는 자신만의 관점을 작성해보자. 이 관점은 구루의 언어를 빌리는 것이다. 이는 미래의 전문가가 된 나의 머릿속에서 끌어온 표현이라고도 하겠다. 이것이 인사이트가 된다.

 핵심 Point!

인사이트는 곧 사업적 통찰이다. 구루의 조언을 학습한 뒤, 내 경험에 적용해보자.

Q 느낀 점과 인사이트는 다르다고 하셨는데, 그 차이가 전문가의 언어로 바꾸는 점인가요?

A 느낀 점 자체는 큰 의미가 없다. 느낀 점을 해석하고 적용해서 다음에 더 잘하도록 사용하는 게 의미있는 것이다. 보통 전문가들은 이런 적용 과정을 거치면서 자신만의 패턴과 성공 경험을 발견한 이들이다. 그러다 보니 전문가의 언어는 느낀 점을 해석하는데 좋은 틀이 되어줄 뿐만 아니라, 놓치고 있던 관점까지 발견하게 해준다. 직무 분야의 전문 서적을 봐야 하는 이유가 바로 여기에 있다.

실제로 한 것은 3밖에 안 되는데 이미 10까지 해 본 사람들의 시각으로 내 경험을 재해석하니 7수준까지 올라간다. 나머지 빈 3은 다음에 적용할 점으로 찾아낼 수 있으니 얼마나 인사이트 있는가?

면접관 입장에서 생각해보자. 하나를 보면 열을 아는 사람이 우리 회사의 발전을 위해서 최선을 다하겠다고 하는데 얼마나 기쁘겠는가? 하나를 보면 열을 아는 비밀, 그것은 그 분야의 최고 전문가의 눈으로 해석하는 것이다.

> **Q** 면접에서 면접관님이 "그 경험을 통해 무엇을 배웠나?" 라고 질문하시면 직무에서 활용할 수 있는 말 그대로 기술을 답하는 게 맞을까요, 아니면 직무에서 활용할 수 있는 가치관에 대해서 말씀드리는 게 맞나요?

A 경험을 통해 무엇을 배웠는가? 이는 앞에서부터 계속 강조해 온, 학습력이 있는지를 검증하는 질문이다. 동일한 경험을 해도 어떤 사람은 학습해서 성장하고, 어떤 사람은 아무 생각없이 시간을 때운다. 후자의 경우는 성장이 없기에, 지금까지 형성된 본인의 수준에서 멈출 확률이 매우 높다. 즉, 피드백하는 훈련이 되지 않은 사람은 새로운 일을 할 수가 없다. 그 수준에서 더 이상 성장하지 않기 때문이다.

위의 질문으로 돌아가서 답변하면, 배운 점을 스킬과 지식으로 구분해서 둘 다 말하는 게 좋다. 기술은 스킬이다. 어떤 일인지를 정확하게 꼽고 유사경험을 강조하자. 거기서 멈추지 말고 말미에 인사이트인 가치관이나 얻은 교훈, 다음에 다시 한다면 어떻게 할지 강조하며 마무리 하자.

오늘, 이번 주, 이번 달, 특정 경험을 할 때는 날마다 피드백하는 습관을 들이자. 타임트래커는 그냥 시간관리를 잘 하자고 개발한 게 아니다. 이런 학습능력을 갖추고 키우기 위한 도전이고 기록이다. 본깨적, AAR이라는 훌륭한 도구를 이미 제공했으니, 실전에서 사용해보길 바란다.

② 필살기 고르기

* 이번 챕터는 '자소서 바이블'의 내용을 발췌한 것이다.

경험 리스트업 작성 FOCUS

뽑아서 쓸 수 있는 경험을 정리해라

혹시, 기업의 채용공고가 올라올 때마다 반사적으로 자소서를 쓰고 있지는 않는가? 취업의 핵심 전략으로 병렬전략을 소개한 바가 있다. 하지만 아직도 많은 취준생들이 채용 프로세스에 끌려다니고 있다.

관심 있는 기업의 공고가 뜨면 자소서 항목을 확인하고, '무슨 경험을 어떻게 써야하지?' 그제서야 고민하는 것이다. 그러다 보니 자소서를 써야 된다는 부담감은 일주일 내내 삶을 조여오고, 정작 전날에서야 급하게 완성해서 제출한다.

취업은 미리미리 병렬로 준비해야 한다고 아무리 강조해도, 실천을 못하는 취준생들을 위해 개발한 것이 경험 리스트업 TOOL이다. 워크샵을 진행하면서 가져오는 경험들을 분해하여, 취준생들이 경험을 쌓을 수 있는 대표적인 분야들을 선정했다.

이 카테고리에 맞춰, 우선 내가 가지고 있는 경험들을 다 쏟아내라.

이 때는 구체적으로 적는 게 아니라 그냥 1줄로 간단하게 적는다. 이렇게 쏟아낸 경험 중에서 필살기로 쓸 수 있는 경험만 다시 추리는 것이다. 그리고 그 경험들을 3C4P로 정리해서 자소서 형태의 글로 옮겨 놓는다. 그러면 채용공고가 떴을 때 자소서 문항에 따라 맞는 경험을 매칭하기만 하면 된다.

너 자신을 알라

경험들을 역량구조도의 5대 역량과 매칭하는 과정에서 나의 강점과 주요 역량을 확인할 수 있다. 경험들을 종합적으로 정리할 때, "내가 결과를 낸 경험들은 다 이런 분석을 통해 가능하구나." 혹은 "나는 사람들에게 이런 방식으로 의사소통하는 역량이 있구나."를 정리하라.

기업이 신입사원에게 갖는 기대치는 생각보다 낮다. 그런데, "나는 의사소통도 잘하고, 분석도 잘하고, 문제가 생기면 누구보다 강한 실행력으로 해결합니다."라고 한다면, 면접관의 입장에서는 설득력이 없다. 겸손하지만 분명하게 나의 역량을 표현하자. "저는 아직 부족하지만, 이런 식의 분석하는 것만큼은 확실히 강점이 있고, 그래서 이런 결과들을 냈어요."라고 자신을 정리해보자.

정리한 경험 리스트업을 들고 이전에 함께 일했던 상사, 동료, 하다 못해 주위 친구들이라도 찾아가보자. 대부분의 사람들은 자신을 객관적으로 평가받기를 두려워하지만 이게 정말 중요하다. '제가 정리해보기론, 이 당시에 제가 이런 역량으로 이런 기여를 했던 것 같은데 어떻게 생각하시나요?'라고 물어보자. 나와 동일한 관점으로 피드백을 받게 되면 내 역량에 대한 근거와 자신감이 생기는 것이다.

이 정보 자체를 면접 때 활용할 수도 있다. '제가 경험을 정리하면서 이런 역량이 있는 것 같아서 이전에 함께 일했던 상사와 동료 5명에게 확인한 결과 100% 동일하게 긍정적인 평가를 받을 수 있었습니다.'와 같이. 혹은, 생각과 다른 피드백을 받게 될 수도 있다. 괜찮다! 자신에 대해 재정리해볼 수 있는 기회가 될 것이다. 두려워하지 말고 피드백을 받아보자.

경험 리스트업 작성 가이드

카테고리별 경험 리스트

다음의 예시를 참고하여 자소서에 작성할 만한 모든 경험을 결과물 위주로 1줄로 정리해보자. 본인이 경험해보지 않은 분야가 있다면 넘어가도 된다. 이것을 자소서 작성의 Index처럼 활용한다.

카테고리별 경험 리스트 작성 예시 [표 3-4]

학업 / 프로젝트

[인문계]
1. 총학생회 당시, 도서관 내의 카페공간 활용도를 높여 학우들을 만족시킨 경험
2. 데이터 분석을 통한 홍보전략을 제시해 팀 보고서에서 A학점을 받은 경험
3. 데이터 분석을 통해 경제 정책이 미치는 영향을 분석하여 개인 소논문/발표에서 A+학점을 받은 경험

[이공계]
1. 편입 후 이전 학교 학점 3.2에서 4.3으로 오르고 장학금을 받은 경험
2. 움직임 인식 프로그램 소프트웨어 개발로 학과 우수 작품으로 선발된 경험
3. OLED 실험조교를 맡아 실습 교육방식을 통일해 실습을 잘 마친 경험

동아리 / 대외활동

[인문계]
1. 동아리에서 프로그램을 기획해 참여율을 높였던 경험
2. 봉사활동 봉사자 관리 시스템 개선으로 노쇼를 방지한 경험
3. 외부기업 후원유치를 통해 봉사단 활동을 정상화한 경험

[이공계]
1. 재미한인과학기술자협회에서 정기 학회 운영위원회로 2년간 활동한 경험
2. 학교 조교로 SNS 관리를 하면서 카드뉴스를 제작해 구독자와 좋아요 개수를 높인 경험
3. 봉사 동아리 운영진으로서 직접 봉사를 기획하고 추진하여 동아리 회원들을 만족시킨 경험

연구 / 개발

[인문계]　1. SPSS툴을 활용하여 설문 분석을 통해 학위 논문을 작성한 경험

2. 철학 논문으로 우수 졸업논문상을 받은 경험

3. 경제활동인구조사와 KLIPS 데이터를 분석하여 학위 논문 작성한 경험

[이공계]　1. 식품연구 당시 임상실험 참여율을 높여 유의미한 값을 도출해 논문 기재한 경험

2. 50편 이상의 논문 분석을 통한 연구 결과로 해외 저널에 논문 게재한 경험

3. 직접 실험을 설계하여 신소재 개발한 경험

인턴 /알바

[인문계]　1. 스크린 골프장에서 일하면서 직접 알바생을 뽑아 본 경험

2. 홍보마케팅 인턴시 SNS 유입률을 높인 경험

3. 영화관 간이매점에서 적절한 추천 판매를 통해 매출 10배 증가시킨 경험

[이공계]　1. 사회교육원 조교 아르바이트 당시 교과과정표 개선 및 학생 관리한 경험

2. 첨단방사선연구소에서 7주간 인턴하면서 분석기기 원리 및 사용법을 배운 경험

3. 현대중공업 하청업체에 들어가서 3개월 동안 해양플랜트 제작에 참여한 경험

공모전 / 대회

[인문계]
1. HRM 레시피 대회 2등 수상한 경험
2. 고객 100명 인터뷰를 통해 고객 관점의 상품 설계로 공모전 1등한 경험
3. 1인가구 고객조사를 통한 반려동물 학습 플랫폼 교내 공모전 3등 수상한 경험

[이공계]
1. 캡스톤 디자인대회 실시간 심전도 측정 시스템 개발로 최우수상 수상한 경험
2. 한국가스공사 제2회 사외공모전 동상 수상한 경험
3. 은 기반의 전도성 잉크 제작 및 포스터 발표로 소재부문 1등 경험

직무경험

[인문계]
1. 경리회계팀으로 일할 때, 누락되던 부가세를 환급받은 경험
2. 홈페이지 제작을 맡아서 홈페이지 유입률을 높인 경험
3. 고객분석을 통해서 새로운 상품을 개발, 매출을 증대시킨 경험

[이공계]
1. 3D프린터로 Degassing Tank 상세설계 했던 경험
2. 글라스 생산 공정에서 분석을 통해 불량률을 낮춘 경험
3. 실시간 ADC 통신 시스템 개발한 경험

개인적 사업

1. 직접 화장품을 제작해서 판매해 본 경험
2. Ebay에서 해외 구매자들에게 한국 물품을 판매해 본 경험

3. 동아리원들과 여의도 벚꽃축제에서 폴라로이드 사업을 하고
순수익 450만 원을 벌어들인 경험

기타

1. 5,000여 명 관람객 앞에서 발표를 한 경험
2. 아름다운 가게(중고물품 봉사단체) 전국 지점 중 매출 1등에 기여
3. 저소득층 아이들을 대상으로 일주일 간 경제 멘토링을 했던 경험

작성 양식 링크

필살기 경험 리스트

앞의 카테고리 경험 리스트에 정리된 경험들 중에, 필살기로 제시할 경험을 추출한다. 가급적이면 수치화된 결과물을 중심으로 선정하고, 역량 키워드를 매칭해 본다. 역량 키워드는 역량구조도를 활용해서 통일된 언어를 적용하자. 이를 통해, 내가 강조하고 싶은 역량을 정리해 볼 수 있다.

내가 한 핵심적인 행동을 '나의 역할' 칸에 적고, 수치화된 결과물을 '결과물' 칸, 이 경험에서 드러난 나의 역량을 '역량' 칸에 적는다. 이 때 역량은, 가장 크게 드러난 것 위주로 2개 이하로 적어보자. 다음의 예시를 참고해서 작성해보자. 작성 양식은 홈페이지를 통해 제공한다.

필살기 경험 리스트 작성 예시 [표 3-5]

필살기 경험 리스트 인문계

경험 1	**나의 역할**	간이 매점 근무를 하며 고객들이 필요로 하는 것을 배치함
	결과물	6시간 내 5만 원이던 매출을 50만 원으로 끌어냄
	역량	분석력, 실행력
경험 2	**나의 역할**	미소국가대표 활동 시, 환대캠페인 서약을 받을 타겟 대상을 바꾸자고 제안
	결과물	하루만에 100명으로부터 서약 받음
	역량	분석력, 실행력
경험 3	**나의 역할**	고객들에게 맞는 응대, 상품 추천
	결과물	직원의 칭찬
	역량	의사소통력
경험 4	**나의 역할**	팀원 역할분배 및 서비스 아르바이트, 대외활동 응대경험 활용하여 폴라로이드 사업 진행
	결과물	순수익 450만 원
	역량	실행력
경험 5	**나의 역할**	대학생들의 관심사를 파악하고 있었고, 내가 알고 있는 유익한 정보를 알리기 위해 카드뉴스 제작
	결과물	압도적 재학생 투표로 교내 대회 대상 수상 심사위원+재학생)
	역량	분석력

→ 이 경험들을 보니, 고객의 니즈를 파악해 내는 분석력과, 이를 추진하는 실행력이 있음이 공통적으로 드러난다.

필살기 경험 리스트 이공계

경험 1	**나의 역할**	실시간 심전도 시스템 안드로이드 앱 개발
	결과물	캡스톤 디자인 대회 최우수상 수상
	역량	문제해결 능력, 추진력
경험 2	**나의 역할**	모션컨트롤 RC카 제작 팀원 업무분장 및 모터, ADC 설계담당
	결과물	최단 시간 완성
	역량	추진력, 리더십, 의사소통능력
경험 3	**나의 역할**	동아리회장으로서 동아리원 간의 연습방식 문제해결 방법 도출
	결과물	공연 가능인원 10명에서 25명까지 확보
	역량	문제해결능력, 추진력
경험 4	**나의 역할**	동아리 물품구매 자금 확보 및 필요물품 구매
	결과물	총 120만원 확보, 마이크3개, 앰프2개, 라인30개 구매로 동아리원 만족도 향상
	역량	문제해결능력, 추진력
경험 5	**나의 역할**	VI Probe 센서의 ADC펌웨어 기능 개발
	결과물	칩선정, 펌웨어 코딩, 회로설계, PCB설계 진행
	역량	문제해결능력, 추진력

CHAPTER 3

→ 경험들을 종합적으로 보니, 개발자로서 끝까지 완수하는 추진력과 이 과정에서 생기는 문제에 대한 문제해결 능력이 공통적으로 드러난다.

필살기를 잘 고르는 것이 중요하다. 최소한 2가지는 가지고 있어야 면접에서 할 말이 있다. 경력이 많은 경우라면 고르는 것이 중요하지만, 신입이나 사회 초년생의 경우라면 필살기라고 말할만한 경험이 없는 경우가 많다. 이럴 때는, 유사 경험이라고 우길 수(?) 있는 경험을 만들거나 찾아야 한다. 아래 예시들은 이해를 돕기 위해 일반 대학생과 간단한 경력, 실제 경력자의 사례를 가져와 봤다. 면접관이 질문하기 쉽고, 검증하고 싶은 내용의 핵심은 필살기라고 할 수 있는 경험이다. 내가 제시하고 싶은 경험 중 유사 경험이면서 성공 경험이라고 말할 수 있는 경험을 5가지 이내로 압축해 보자.

유사 경험에서부터 시작하자. 신입으로 갈수록 성공 경험이 없더라도 유사 경험이 있는 것이 유리하다. 경력으로 갈수록 많은 경험보다 성공 경험이 분명한 것이 좋다. 일반 대학생조차도 필살기라고 말할만한 경험들을 잘 찾아서 정리하면 충분히 가능하다. 아래 예시를 참고하여 나의 필살기는 어떤 것이 돼야 할지 골라보자. 면접은 여기서부터 시작된다.

유사 경험, 성공 경험에 모두 체크할 수 있다면, 필살기인데, 그중에 무엇을 더 먼저 그리고 강력하게 강조할 것인가? 이 기준은 바로 결괏값의 크기이다. 결괏값의 변화가 큰 경험을 중심으로 1번, 그다음 결괏값의 경험을 2번으로 정하고 면접을 준비하자. 우리의 분석 결과라면 필살기 3개면 모든 면접에서 충분히 좋은 결과를 가질 수 있다.

경험 리스트업

직무 : 품질보증 (경력) [표 3-6]

문제(Why)	결과(What)	역할/행동(How)	강조역량	유사경험	성공경험	인사이트
고객사 요구사항 누락, 컴플레인 20건 발생	컴플레인 0% 달성	요구사항이 누락되지 않도록 리스트 작성 각 회사별로 업체 특이사항 리스트와 납품 일자별 리스트 정리	실행력		●	●
납품일자 10일 딜레이 발생	납기일 딜레이 80% 단축	일일 생산 계획표 및 체크리스트 도입으로 딜레이 방지	정보수집력, 의사소통능력	●		
불량 발생으로 반품건 200건 증가	반품률 10건으로 감소	수출제품 수정 시안으로 활용법 안내를 통해 사용법 재 안내	실행력, 설득력		●	●
월간 발주 오류건 5건 이상 발생	오류로 인한 불량 발생률 70% 이상 감소	발주 양식서 변경	계획력, 정보수집력	●	●	●

직무 : 마케팅 (인턴 경험) [표 3-7]

문제(Why)	결과(What)	역할/행동(How)	강조역량	유사경험	성공경험	인사이트
인플루언서 포스팅의 낮은 좋아요&댓글 수	예산 내 추가 포스팅 진행	타브랜드 인플루언서 포스팅 분석 후 운영안 수정하고 인플루언서 포스팅 독려	문제해결능력, 의사소통력, 분석력	●	●	●
낮은 체험단 신청률	모집글 조회수 4배 증가 체험단 신청률 2배 증가	체험단 모집 중 네이버 카페 쪽지 발송 요청	문제해결능력	●	●	●
하루 유선조사 10건 진행, 리서치 딜레이	하루 50건 이상 성공, 리서치 목표기간 6일 단축	유선조사 방법 변경	분석력	●	●	●

직무 : 인사(알바 / 학교 경험) [표 3-8]

문제(Why)	결과(What)	역할/행동(How)	강조역량	유사경험	성공경험	인사이트
1. 아르바이트생의 잦은 퇴사로 근무시간에 신입교육 진행으로 고객 컴플레인 매일 10건 발생 / 2. 신입 교육시간 2시간 이상 소요	1. 신입 아르바이트생 교육시간 60% 감소 / 2. 고객 컴플레인 80% 감소	스타벅스의 레시피 테스트를 참고하여, 카페 채용 과정에 벤치마킹하였음	분석력	●	●	●
밴드 동호회에서 신입 멤버의 참석률 30% 저조	신입 멤버 활동 참석률 30% 증가	기존 멤버가 멘토가 되어 연주에 대한 노하우를 알려주는 형식의 악기 연주 멘토링 프로그램을 기획하였음	기획력, 문제해결능력	●	●	●
중증 장애인께서 변기 수리 공사를 요청하셔서 공공기관에 민원 제기를 하였으나, 공공기관에서는 계속 민원 수락해 주지 않았음	총 3번의 시도 끝에 변기 수리 공사 성공	3개의 중증 장애인 법 조항에 의거하여 보고서를 작성하여 공공기관에 민원 제기를 하였음	문제해결능력, 의사소통력	●	●	●
호주식 영어 발음과 미국식 영어 발음이 어려워 현지인들과 소통에 어려움	어학원 레벨 테스트 2단계 상승 > 한국에서 영어학원 강사 아르바이트까지 할 수 있었음	하루에 한 번 이상 현지인과 대화하기를 목표로 세워 실천하였음. 마트, 도서관, 공원 등에 가서 어학원과 커뮤니티에서 배운 내용을 적용해서 대화를 시도하였음	목표달성능력		●	●
7일이라는 시간 동안 지역복지사업 프러포절을 작성하여야 했음	기관장님께 최우수 평가를 받고, 현재 대학생 서포터즈 프로그램으로 진행 중	멤버 간 강점에 따라 역할 분담을 하였고, 회의가 필요할 때는 줌에서 모여 회의를 진행하였음	의사소통력		●	●

경험 리스트업
양식 다운로드 링크

또 다른 면접 리뷰 데이터를 보자. 아래 그래프는 실제 합격한 지원자와 불합격한 지원자가 어떤 질문을 받았는지 분석해 본 것이다. 합격자는 K 질문 즉, 필살기에 대한 질문이 대부분이었고, 불합격자는 L 질문 즉, 로열티에 대한 검증이 많았다.

[표 3-9]

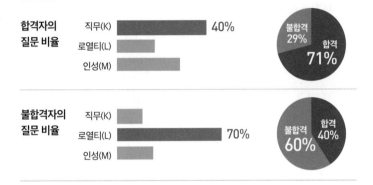

여기서 알 수 있듯이 필살기를 잘 어필하지 못하면, 로열티나 인성 검증으로 직결되는 경향이 있는데, 보통 로열티는 기업분석과 산업분석을 기반으로 질문하기 때문에 답변이 쉽지 않다. 애초에 이쪽으로 가지 않는 것이 가장 좋다. 공기업인가 사기업인가에 상관없이 회사와 산업의 특성에 대한 이해는 사회 초년생뿐만 아니라 직장인들에게도 어려운 문제일 수 있다. 필살기에서 승부를 봐야 한다. 그래서 우리는 1분 자기소개에서 승부를 볼 수 있도록 여기에 전략적 초점을 둘 것이다. 그 방법을 알아보자.

3 1분 자기소개 준비하기

1분 자기소개

1분 자기소개를 하는 이유

1분 자기소개 시간에 면접관은 무엇을 얻고자 할까? 흔히 떠도는 말처럼 '면접관이 자기소개서를 읽는 시간' 또는 '지원자가 자신을 소개하는 시간을 주는 배려'일까? 일리 있는 설명이기도 하다. 하지만 모든 면접관들이 1분 자기소개 때 무엇을 하는지 파악하는 건 불가능하다. 또 누구는 1분 자기소개가 매우 중요하다고, 누구는 전혀 중요하지 않은 형식적인 것이라 말한다. 둘 다 틀린 말은 아니지만 정답도 아니다. 그렇지만 우리가 알 수 있는 분명한 사실은, 모든 면접관은 여러분의 자기소개를 듣고 있다는 사실이다.

1분 자기소개는 면접관이 당신과 마주하는 첫 시간이다. 그 시간 안에 면접관은 무엇을 파악하려고 할까? 면접 경험이 많은 사람은, 보통 고개를 들어 지원자의 눈을 바라본다. 지원자가 하는 말의 진위여부,

관련 영상 : 면접관이 밝히는,
1분 자기소개는 이렇게 해야 들린다! 정말 자기소개는 안 들려요~

신뢰도, 진실성을 파악하기 위해서다. 그렇다면 1분 자기소개 내용을 어떻게 구성해야 할까?

1분 자기소개란

1분 자기소개는 자신을 가장 잘 설명할 수 있는 핵심 포인트를 1분 내에 어필하는 시간이다. 즉, 필살기를 두괄식으로 어필하면 된다.

1분 자기소개에 필살기를 어필하면 좋은 점이 무엇일까? 면접관이 가장 검증하고 싶은 건, 당신을 뽑아야 하는 핵심 이유인 '필살기'이다. 그런데 지원자가 알아서 먼저 필살기를 제시한다면, 면접관 입장에서 더욱 좋다. 또 면접관이 필살기 안에서 질문할 확률이 높아지기에, 어떤 질문을 받을지 모르는 상황보다 수월하게 답변할 수 있다.

지원 직무와 유사한 경험 2가지 정도를 필살기로 정리해보자. 비유적 표현, 장황한 설명은 금물이다. 필살기의 핵심만을 1분 내에 간결하게 제시하자.

1분 자기소개 구성하기 [표 3-10]

'안녕하세요 00기업, 00직무에 지원하는 홍길동입니다. 저는 이런 경험(필살기1)을 통해서 이런 성과를 낸 경험이 있습니다. 이 경험을 통해서 이 직무의 중요한 부분이 00 이라는 것을 배울 수 있었습니다.

또한 이런 경험(필살기2)를 하면서 00 성과를 낸 적이 있는데, 이 경험 역시 이 직무를 하는 데 도움이 될 것이라 생각하여 지원하였습니다. 이런 경험을 바탕으로 000 일에 도전하도록 하겠습니다. 감사합니다.'

필살기의 핵심만을 제시한 1분 자기소개 사례다. 위와 같이 준비해보자. 유의할 점은 절대 '1분'을 넘기면 안 된다. 가장 좋은 시간은 40-50초 사이다. '간략한 인사말(5-10초, 1줄) + 2개 정도의 필살기 경험(30-40초, 5줄) + 입사 후 포부(5-10초, 2줄)'로 구성해야 깔끔하다. 만약 회사가 자기소개를 30초로 제한하면 1개의 필살기 경험으로 구성하자.

자소서 내용과 1분 자기소개, 비슷해도 될까?

자소서를 미리 읽어보는 면접관은 거의 없다. 자소서에 작성한 내용을 1분 자기소개 때 다시 반복하면, 면접관에게 친절하게 브리핑해주는 효과가 있다. 즉, 1분 자기소개는 자소서에 작성한 내용을 짧게 요약하는 행위라고 보면 된다. 1분 자기소개는 '면접의 목차/요약' 역할로서, 군더더기 없이 깔끔하되 두괄식으로 핵심만을 제시해야 한다. 경험의 배경, 프로세스 설명은 하지 말자.

핵심 목표

1분 자기소개의 핵심 목표는 면접의 주도권을 확보하는 것이다. 면접의 전체를 질문에 대한 답변만 하며 수동적으로 끌려다닐 필요가 없다. '저는 이런 경험 있어요! 궁금하지 않으세요?'라는 공격적인 태도로 면접관의 궁금증을 얻어내자.

⊗ 핵심 Point!

회사가 여러분을 뽑아야 하는 이유인 필살기, 그 핵심만을 1분 자기소개 때 어필하자. 필살기 내에서 질문받는 건 여러분에게 무조건 유리하다. 1분 자기소개가 끝나고 면접관이 그 안에서 질문했다면, 성공한 1분 자기소개이다!

Q 면접관이 묻지 않았는데 제가 먼저 유사경험을 말하는게 건방져 보이지 않을까요?

A 면접관이 가장 궁금해하는 내용을 먼저 말하는데, 건방지다고 생각하는 이유가 궁금하다. 1분 자기소개는 말 그대로 자신을 소개하는 시간이다. 유사경험부터 먼저 소개하는 건, 매우 친절하게 면접관 입장을 배려하는 고급 소통 방식이다. 전혀 건방지다고 생각할 필요 없다. 안심하고 자신 있게 이야기하라.

다만 태도에 대한 부분은 짚을 필요가 있다. 드디어 유사경험과 성공경험과 인사이트를 필살기 다발로 묶어 말할 수 있게 되었다! 그런데 나의 경험과 인사이트를 면접관에게 가르치려 든다면 정말 건방진 태도이다. 우리의 경험이 면접관의 경험을 뛰어넘을 수 있을까? 경험의 양과 질 자체를 비교할 수조차 없다.

직원들의 인사를 결정하거나 채용을 하며 가장 답답하고 어려운 유형이, 바로 자기 고집에 빠져 있는 사람이다. 이런 사람은 자기 수준에 보이는 대로 판단하고 해석한다. 물론 모든 사람이 그렇지만, 특히 지나친 사람이 있다. 그런 사람의 특징은 자기밖에 모르고, 전체를 보는 안목이 부족하다. 그러다 보니 말 끝마다 자신의 경험을 가르치려는 모습이 드러난다. 이런 걸 보통 꼰대라고 하던가?

자기소개에 유사경험을 먼저 이야기하는 건 지극히 당연한 것이다. 그러나 태도는 겸손히 하자. 이런 경험을 하기 위해 노력했다는 뉘앙스를 풍기면 좋은 결과가 있을 것이다.

Q 자기소개 할 때 시선 처리를 어떻게 하는게 좋나요?

A 자기소개뿐 아니라, 면접 내내 시선 처리는 굉장히 어렵다. 그런데 면접관의 입장에서 지원자의 시선 처리는 그리 중요한 요소가 아니었다. 왜냐면 면접관의 손에는 너무도 많은 정보가 있다. 그리고 지원자의 답변을 즉석에서 해석하고 판단해야 한다. 그것도 4~5명을 10분 안에! 그래서 시선 처리는 어떻게 하든 상관없지만, 간혹 과도하게 자신의 표정을 강조하는 사람이 눈에 띄었던 것 같다.

 자기 소개할 때만이 아니라 면접 내내 시선 처리는 자연스럽게 해라. 자연스럽다 함은 나에게 질문한 면접관을 바라보고 답변하는 것이다. 다른 사람이 답변할 때는, 그 사람을 쳐다봐도 좋고 면접관을 보면서 반응을 살펴도 좋다. 1분 자기소개 할 때는 보통 사회를 보는 면접관이 있을 텐데 그 면접관을 쳐다보고 해도 무방하다. 할 수만 있다면, 면접관을 한 명씩 바라보며 시선을 나눠주는 게 좋다. 그렇지만 이것 역시 선택이지 핵심은 아니다. 당신의 답변에 집중해라. 일상적인 대화의 시선 처리를 벗어나는 어색함만 주의하면 된다.

Q 면접관의 표정이 안 좋을 경우 표정을 어떻게 유지해야 하나요?

A 면접에서 마인드셋부터 다루는 이유가 있다. 면접은 멘탈 관리가 핵심이다. 가장 좋은 면접은 나의 페이스를 유지하는 것이다. 면접관과 호흡을 잘 맞추고, 질문에 잘 답변하는 부분도 있지만, 이게 익숙하지 않기에 너무 거기에 집중하려 중요한 것을 놓치면 안 된다. 필살기라는 개념이 그래서 탄생한 것이다.

면접관의 표정을 보면 대략 느낌이 온다. 그런데 면까몰이라는 단어에서도 알 수 있듯이 면접은 결과를 봐야 알 수 있다. 면접관이 평소에 웃지 않는 사람이라 어두워 보일 수도 있고, 면접관이 업무적으로나 개인적으로 근심과 걱정이 있어서 그럴 수 있다.

면접관도 사람이라는 사실을 기억해라. 나도 면접을 보면서 업무처리를 같이한 경우가 참으로 많다. 어떻게 면접관이 그렇게 집중하지 않냐고 반문할 수 있겠지만, 공채 시즌이 되면 몇 주를 면접만 봐야 한다. 나는 사업부의 인사를 책임지는 사람인데, 결정해야 할 일이 얼마나 많겠는가? 물론 최선을 다하지만, 중간에 다른 업무를 볼 때도 있었다. 아마 많은 면접관들도 그럴 것이다. 즉, 어두운 표정이 당신의 답변 때문일 수도 있고 아닐 수도 있으니, 너무 거기에 영향받지 않는 게 좋다.

면접관의 표정이 안 좋다면 당신의 표정도 안 좋을 수밖에 없을 것 같다. 괜찮다. 상황에 맞게 나의 모습을 진실되게 보여줘라. 준비한 필살기를 잘 전달했다면 당신의 면접은 성공적인 면접이다. 결과는 면접이 끝난 후의 정보들을 바탕으로 이루어질 테니, 순간의 표정에 너무 집중하지 말자. 앞서 시선처리가 그다지 중요한 요소가 아니라고 한 것과 같이 면접관의 표정 역시 중요한 요소가 아니다.

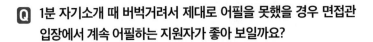

Q **1분 자기소개 때 버벅거려서 제대로 어필을 못했을 경우 면접관 입장에서 계속 어필하는 지원자가 좋아 보일까요?**

A   1분 자기소개가 자신의 이미지를 어필하는 가장 좋은 기회이기는 하다. 하지만 우리의 연습 부족과 분위기 부적응으로 인해, 타이밍을 놓치는 경우도 빈번히 발생한다.

하지만 그렇다고 그때만 기회가 있는 것은 아니다. 정확한 통계는 아니지만 면접 중 최소한 3-5회 개인에게 질문이 들어오고, 그중 1-2번 정도는 스스로 생각을 정리해서 어필할 기회가 있다.

면접 때 자신의 페이스로 끌고 가는 게 중요하지만, 그것이 어색하거나 과도할 때는 오히려 역효과가 날 수 있다. 편안하게 흐름에 맡기는 게 가장 좋다고 본다.

또 면접관이 모두 1분 자기소개에만 집중하고 있는 것은 아니니, 그 기회를 살리지 못했다고 너무 자책할 필요 없다. 바로 정신을 차려라. 다시 올 기회를 잘 살리면 된다. 항상 자연스러운 것이 좋다. 억지로 무언가를 하려고 하지 마라. 필살기를 먼저 던지는 것도 자연스럽게 나의 강점으로 대화를 끌고 가기 위한 흐름을 만드는 것이다.

잘 정리된 필살기는 우려낼수록 그 진가가 발휘되는 법이다. 필살기를 준비하는 과정에서 당신의 마인드와 생각의 틀이 바뀌었을 것이다. 다가올 면접관의 질문을 두려워하지 말고 나를 어필할 찬스를 잘 살리자. 할 수 있다!

앞서 설명한 1분 자기소개를 스크립트로 작성하는 템플릿이다. 면접은 암기식이 아니라고 하지만, 1분 자기소개만큼은 예외다. 자다가 일어나서도, 눈 감고도 반사적으로 튀어나올 때까지 연습해서 자연스럽게 외우자. 템플릿을 사용하여 나를 1분 내에 소개하는 문구를 완성해보도록 하자. 핵심은 작성하고 나서 소리 내어 읽어보는 것이다. 자연스럽게 읽힐 때까지 수정하고 또 수정해라!

1분 자기소개 리스트 [표 3-11]

첫 인사 (1줄)	
필살기1 (2~3줄)	
필살기2 (2~3줄)	
입사 후 포부 (1줄)	

1분 자기소개 스크립트 작성하기 [표 3-12]

1분 자기소개 리스트,
체크리스트
양식 다운로드

(예시) **직무 : 영업 / 경험 종류 : 아르바이트**

첫 인사 (1줄)	안녕하세요. 굿바이마트 영업지원직무에 지원한 OOO입니다.
필살기1 (2~3줄)	등킨도나스 아르바이트 때, 고객 조사를 반영한 홍보 방식 변경으로 핑크릴렉서 도넛 판매량을 3배 증가시킨 경험이 있습니다. 당시 판매량이 저조한 문제를 해결하기 위해 홍보물의 위치를 계산대 앞으로 바꾸고 판매 멘트 변경으로 판매량 증가를 달성했습니다.
필살기2 (2~3줄)	또한 학부시절 총 동아리 총무부장일 때 팜플렛제작을 통해 후원금 50만원 모아 중앙동아리 공연 예산 부족문제를 해결한 경험이 있습니다.
입사 후 포부 (1줄)	이 경험을 바탕으로 영업현장 지원에 기여하는 사원이 되겠습니다.

작성하고 나면 1분 자기소개가 잘 작성되었는지, 체크리스트로 점검해 보는 것이 중요하다. 가능하면 혼자 하지 말고, 다른 사람에게 보여주고 피드백을 요청해 보기 바란다. 스스로 작성한 것은 익숙하기도 하고, 허점을 찾기 쉽지 않지만, 다른 사람이 작성한 내용은 보기보다 쉽게 잘 보인다. 면접관도 외부의 시선으로 우리를 평가하는 것이라는 면에서, 사전에 같이 취업을 준비하는 사람이거나 객관적으로 조언을 구할 수 있는 사람에게 도움을 요청해 보자.

1분 자기소개 체크리스트 [표 3-13]

항목	내용	피드백
1	**50초를 넘어서지는 않는가?** 인사말 / 필살기1 / 필살기2 / 끝인사 각각 구간기록	
2	**인사말에서 비유적 표현을 사용하고 있지 않은가?**	
3	**지원동기 혹은 입사 후 포부로 마무리 하고 있는가?**	
4	**필살기 1~2개가 결과물 중심으로 명쾌하게 제시되고 있는가?** 들린 숫자, 결과물을 구체적으로 작성	
5	**제시하는 필살기 내용에 본인이 한 액션이 있는가?** 들린 액션을 구체적으로 작성	
6	**외운 티가 너무 나서 어색하지는 않은가?** 외운 티가 나는 증거가 되는 액션(시선), 구간	
7	**이해가 안되는 단어나 문장은 없는가?**	

1분 자기소개 스크립트 작성하기 [표 3-14]

직무 : 인사 / 경험 종류 : 회사경험

첫 인사 (1줄)	안녕하십니까 HR 직무에 지원한 OOO입니다.
필살기1 (2~3줄)	물류사업본부 연간 인력운영계획을 수립할 당시, 영업팀의 내년도 신규 충원 인력 확정을 위한 인사팀과 협의 과정에서 11개 영업팀 맞춤 참고자료를 제작하여, 지난해 대비 영업팀의 협의기간을 25% 단축시킨 경험이 있습니다.
필살기2 (2~3줄)	매달 본부 11개 영업팀 매출관리 당시 20건 컴플레인 분석을 통해 매출 프로세스 개선한 결과 30%에 불과했던 기한 내 제출율을 80%로 개선한 경험이 있습니다.
입사 후 포부 (1줄)	위 경험을 기반으로 성장에 기여하겠습니다.

직무 : 설비 / 경험 종류 : 회사&군대 경험

첫 인사 (1줄)	안녕하십니까. 저는 샘송송 파운드리 사업부 설비기술 직무에 지원한 백애플입니다.
필살기1 (2~3줄)	저는 L*유마이너스 근무당시 출시 예정인 관용차 차량관제 서비스의 오류개선을 위해 1000개의 오류데이터를 분석 및 분류하여 오류 발생량을 60% 감소시킨 경험을 가지고 있습니다.
필살기2 (2~3줄)	또한, 군생활 당시 육상전원의 연결 문제로 함정에 정전이 발생한 상황에서 함내 발전기를 긴급 시동하여 정전 문제를 3분만에 해결한 경험이 있습니다.
입사 후 포부 (1줄)	저는 이러한 경험을 토대로, 설비 상의 문제를 해결하여 반도체의 원활한 생산에 기여하겠습니다.

1분 자기소개 스크립트 피드백 반영 후 수정 예시 [표 3-15]

직무 : 마케팅 / 경험 종류 : 학교경험

	Before	After
첫 인사 (1줄)	안녕하세요, 고객에 미친 또라이 OOO입니다.	안녕하십니까, 마케팅 직무 지원자 OOO입니다.
필살기1 (2~3줄)	~~저는 5년 간 다양한 아르바이트 경험을 통해 고객 지향적 마인드를 갖출 수 있~~ 었습니다. 저는 뭐가괜찮아 드링크 브랜드의 서포터즈로 활동할 ~~당사 고객와 니즈를 공략~~하여 교내 모든 행사에 계약을 100% 체결한 경험이 있습니다.	대동제 주막 운영 당시 **고객별 구매 특성을 반영**해 판매 전략으로 **매출을 200% 상승**시킨 경험이 있습니다.
필살기2 (2~3줄)	또, 대동제 주막을 운영하면서 학우들의 특성을 반영한 판매 전략으로 매출을 200% 상승시킨 경험이 있습니다. 항상 **고객 중심적 마인드**를 갖추고 있었기에 가능한 일이었습니다.	또, 뭐가괜찮아 드링크 브랜드의 서포터즈로 활동하면서 음료 후원 계약을 100% 체결한 경험이 있습니다. 개별 미팅을 통해 **정보 누락이 불만이라는 것을 파악**했고, 향후 누락 방지를 위해 **상세한 매뉴얼을 구축**했습니다. 그 결과, 기존 **계약률을 10%에서 100%**로 끌어올릴 수 있었습니다.
입사 후 포부 (1줄)	입사후 ~~언제나 고객을 생각하며~~ 고객 만족을 높여 회사의 성장에 기여해 나가는 사원이 되겠습니다. 감사합니다.	입사 후에도 이러한 경험을 바탕으로 차별화된 서비스를 제공할 수 있는 운영 전략과 프로모션을 기획하겠습니다. 감사합니다.

4 필살기 면접 연습

자 지금까지 필살기로 1분 자기소개가 어느 정도 정리되었다면, 이제 본격적인 연습을 해보도록 하자. 면접이 어려운 이유는 꼬리물기 질문과 여러 관점과 해석이 바로 이어지기 때문일 것이다. 우리는 지금부터 필살기 경험 하나에 대해 5단계 이상의 꼬리물기 질문을 셀프로 경험해 보겠다. 이런 질문에 답변하는 과정에서 응용력이 생기게 되고, 면접에서 경험할 수 있는 돌발 상황에 대해 대처가 될 것이다.

기존에 언급했던 기출 질문 준비와는 어떻게 다를까? 기출 질문은 표면적인 질문이다. 질문의 의도가 시작되는 지점이라고 봐야지 진짜 알고 싶은 게 그것이 아니다. 보통 면접관은 What , Why, How라는 방향성을 가지고 한 가지 경험을 계속 질문하며 파고든다. 때로는 관점을 조금씩 틀어서 다른 입장에서 물어본다.

그냥 나열식의 질문에 답변하는 것이 아니라, 나의 경험 한 가지를

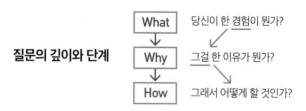

질문의 깊이와 단계

What → 당신이 한 경험이 뭔가?
Why → 그걸 한 이유가 뭔가?
How → 그래서 어떻게 할 것인가?

깊게 들여다보고 파악하는 질문에 대한 대비이다. 우리가 면접의 상황에서 만나게 되는 실제적인 상황이다.

한 가지 필살기 경험에 대해 물어본다고 가정하고, K1~K8까지 예상 꼬리 질문까지 전부 대응해 보기 바란다. 주요 질문의 의도와 답변 가이드에 대해서 작성해 두었으니, 참고하여 답변해 보고 예상 꼬리 질문까지 이어서 준비해 보자.

면접을 보는 사람을 위한 Tip

혹시 모의면접을 하거나, 면접 코칭을 하는 사람, 실제 면접관이라면 제안하는 질문 세트의 순서를 임의로 편성하여 검증해 보는 것이 면접 스킬을 높이는 좋은 방법이다.

면접 질문 검증 예시 [표 3-16]

	질문 패턴 1	질문 패턴 2	질문 패턴 3
도입질문	K1	K3	K6
꼬리질문 1	K1-1	K3-1	K8
꼬리질문 2	K2	K4	K8-1
꼬리질문 3	K6	K4-1	K7
검증 의도	직무 연결성	역량 이해도	직무 연결성

면접자를 위한 책이라면서, 면접관 역할을 하는 사람에게 팁을 주는 의도가 있다. 면접자가 면접관의 입장이 되어 보면 질문의 의도가 더 쉽게 파악이 된다. 면접은 꼭 팀으로 하면서 면접관의 입장을 경험해 보길 바란다.

자 그러면 나의 필살기를 하나씩 검증해 보자. 이제부터 제시하는 질문 세트면 충분하다.

5 면접 시뮬레이션

직무 검증 질문리스트 (Knowledge)

Q K1. 해당 경험을 통해 깨달은 직무 핵심 역량은 뭐라고 생각하나요?

질문의도

제시한 필살기 경험에서 무엇을 배웠고 직무에서 배운 점을 어떻게 재생산 할 수 있을지 검증하기 위함입니다. 또한 내 경험에서 도출한 직무가 무엇인지 물음과 동시에 지원하신 직무에 대한 이해가 있는지도 함께 검증되는 질문입니다.

답변 가이드

내 경험에서 깨달은 역량을 주장하기 앞서 회사와 지원직무 입장에서 어떤 역량이 강조되어야 할 지 먼저 조사하고 생각해 봅시다. 또한 역량에 대해 나의 생각만으로만 답변하지 않고 그렇게 생각하는 근거와 함께 답변해 주세요. 경험의 결과물과 그 결과물을 뒷받침하는 수치화가 있을 때 근거는 더욱 명확해 보입니다!

답변을 작성해 보세요

예상 꼬리질문

K1-1.해당 경험을 할 수 있었던 나만의 노하우가 있나요?
(면접관의 속마음) 회사에 들어와서도 재생산 가능할까요?

답변을 작성해 보세요

Q K2. 지원하신 직무에서 그 결과가 어떤 의미가 있었나요?

질문의도

1분 자기소개 이후 바로 해당질문이 나왔다면?
→ 성공 경험으로 어느정도 인식이 되었고 유사경험 관점에서 지원직무에서도
　동일한 결과를 낼 수 있는지 확인하기 위함입니다.

경험에 대해 설명을 했는데도 해당 질문을 받았다면?
→ 주장하는 필살기가 지원직무에는 유사하지 않고 큰 의미가 없다고 생각할 수 있습니다.
→ 수치화가 부족하거나 결과의 비교대상이 없어서 잘한건지 못한건지 전달이 부족합니다.

답변 가이드

1분 자기소개 이후 바로 해당질문이 나왔다면?
→ 내가 결과를 냈던 경험이 해당 직무에서는 어떤 기여와 공헌을 할 수 있을지 답변해 주세요!

경험에 대해 설명을 했는데도 해당 질문을 받았다면?
→ 내 경험이 지원직무와 핏하지 않을 수 있음을 인정하고 이전에 준비했던 결과의 의미를 더욱 풀어서 설명해 주세요!
→ 결과값에 대해 이전결과는 어땠는지, 동일하게 했던 사람과 비교했을 때 내 결과물은 어땠는지 수치화로 답변해주세요!

답변을 작성해 보세요

예상 꼬리질문

K2-1참고하신 수치적 정보가 있었나요?

(면접관의 속마음) 근거나 결과가 명확하지 않은데...

답변을 작성해 보세요

직무 검증 질문리스트 (Knowledge)

Q K3. 경험에서 발견한 역량의 핵심이 뭐라고 생각하세요?

질문의도

내 경험과 역량이 매칭이 잘 되었을 때 : 그 역량에 대한 이해가 얼마나 있는지 확인하기 위함입니다. 내 경험에서 해당 역량의 개념을 이해하고 적용했는지 아닌지 검증함으로써 입사 후에도 재생산이 가능한 지원자인지 알 수 있습니다.

내 경험과 역량이 매칭이 안 되었을 때 : 주장한 경험에서 해당 역량을 찾아볼 수 없거나 오히려 면접관은 다른 역량이 더 적합하다고 생각할 수 있습니다. 그래서 '정말 그 경험에서 발견한 역량이 ○○이 맞다고 생각하시나요?'를 묻는 질문입니다.

답변 가이드

긍정뉘앙스 (내 경험＝역량) : 역량의 핵심을 두괄식으로 답변하고 그것이 내 경험에서 어떤식으로 작용했는지, 그로 인한 결과물은 무엇인지 답변해 주세요. 면접관이 집중해서 듣고 있다고 생각든다면 그 역량을 지원기업에서 어떻게 활용할지도 덧붙여 답변해 주시면 더욱 좋습니다.

부정뉘앙스 (내 경험≠역량) : 첫 번째로 내 경험이 제대로 전달되지 않을 수 있습니다. 이전에 답변했던 액션 외에 그 역량을 더 나타낼 수 있는 액션을 추가로 어필해 주세요. 두 번째는 정말 역량 매칭이 잘못될 수 있습니다. 이럴때 답변을 지속적으로 이어갈 경우 고집쟁이로 비춰질 수 있습니다. 간단하게 역량의 핵심은 답변하되 역량에 대한 이해가 아직 부족하여 계속해서 학습해 보겠다고 마무리 지어주세요. 또한 다음 면접을 대비하여 경험과 역량의 매칭을 다시해 보시기 바랍니다.

답변을 작성해 보세요

예상 꼬리질문

K3-1 해당 경험과 역량이 저희 회사와 직무에 어떻게 활용될 수 있을까요?

답변을 작성해 보세요

Q K4. 해당 경험을 하면서 가장 어려웠던 점은 무엇인가요?

질문의도

목표를 달성하기 위해 가장 큰 문제는 무엇이며 이를 어떻게 극복했는지 알아보기 위한 질문입니다. 그래서 지원자가 어느 상황에서 어려움을 느끼는지, 회사에 들어와서도 같은 어려움을 느낄 때 어떻게 대처할지 검증할 수 있습니다.

답변 가이드

고객의 어려움을 해결하는데 있어서 장애물이 무엇인지 답변해 주세요. 우리는 이를 통해 고객관점이란 인성을 동시에 어필할 수 있습니다. 이를 통해 고객에 몰입되어 있고 고객을 위해서 목표를 달성하는 지원자로 비춰질 수 있습니다.

팀원과 마찰, 상사와 의견 불일치 등 정말로 힘들었던 점을 답변하게 되면 필살기를 검증하는 질문에서 갑자기 인성질문으로 방향이 틀어질 수 있어요!

답변을 작성해 보세요

예상 꼬리질문

K4-1 들어오셔서 똑같은 상황이 온다면 어떡하시겠어요?
(면접관의 속마음) 회사에서도 이거 때문에 또 문제가 되면 어떡하지..?

K4-2 그거 말고 진짜로 힘들었던 경험 얘기해 보세요.
(면접관의 속마음) 정말 지원자가 목표와 문제해결에 몰입하는 지원자라면 같은 관점으로 얘기해 주겠지?

답변을 작성해 보세요

Q K5. 다른곳, 다른사람은 왜 그렇게 안하고 있었나요?

질문의도

긍정뉘앙스 : 배경설명이 부족해서 결과를 가능하게 했던 액션을 왜 했는지 이해가 떨어질 때 질문합니다.

부정뉘앙스 : 답변한 행동에서 면접관이 보기에 부적절한 행동이거나 더 나은 행동을 알고 있을 때 질문합니다. 그 당시 경험을 피드백 했고 같은 실수를 반복하지 않는지 검증할 수 있습니다.

답변 가이드

공통적으로 그 액션을 할 수밖에 없었던 배경을 설명해 주세요.

긍정뉘앙스 : 내 경쟁력을 나타낼 수 있는 기회입니다. 다른 사람은 안했던 행동을 했기 때문에 더 나은 결과물을 달성할 수 있었다고 답변해 주세요.

부정뉘앙스 : 그 당시에는 그 액션이 최선이었지만 다음에 같은 상황이 온다면 어떻게 할 것인지 적용점을 답변해 주세요.

답변을 작성해 보세요

예상 꼬리질문

K5-1 같은 상황이 또 다시 온다면 어떻게 하실건가요?

(면접관의 속마음) 피드백을 하는 사람일까?, 실수를 반복하진 않을까?

답변을 작성해 보세요

Q K6. 해당 경험을 할 수 있었던 나만의 노하우가 있다면?

질문의도

경험에 대해 어느정도 결과물도 좋다고 판단되고 액션의 근거도 명확하다고 생각하셔도 좋습니다. 성공했던 경험이 단순히 운이 좋아서 가능한건지, 정말 관점과 지식이 있어서 가능한건지 검증하기 위한 질문입니다.

답변 가이드

이 성공 경험을 통해 배웠던 인사이트를 답변해 주세요. 그를 통해 회사에 들어와서도 똑같이 할 수 있다는 점을 어필해 봅시다. 열정, 집요함, 주도성 등의 키워드를 학습한 경험으로 답변하셨다면 이제 내 경험에서 검증은 마쳤다고 보실 수 있을거에요!

답변을 작성해 보세요

예상 꼬리질문

K6-1 그를 통해 얻은 인사이트는 무엇인가요?

답변을 작성해 보세요

직무 검증 질문리스트 (Knowledge)

Q K7. 그 경험말고 다른 경험은 없으신가요?

질문의도

긍정뉘앙스 : 성공 경험이 재생산 가능한지 궁금해서 지원자의 경험을 더 듣고 싶을 때 묻는 질문입니다.

부정뉘앙스 : 해당 경험이 지원 직무/산업/직장에 적합하지 않을 때 묻는 질문입니다. 또는 너무 한 가지 경험으로만 답변할 때 묻는 질문입니다.

답변 가이드

긍정뉘앙스 : 내 경험이 부족해서 묻는 것이 아니니 절대 위축되지 맙시다. 이전에 답변한 경험과 같은 인사이트 혹은 역량을 배울 수 있었던 경험을 한 가지 더 답변해 주세요. 필살기는 3~5개 정도 보유하고 있으면 좋다는 이유가 여기에 있습니다.

부정뉘앙스 : 제시한 경험의 소재 또는 역량대신 다른 경험을 답변해 주세요. 또한 이후 동일한 직무/산업/직장에서 해당 경험은 적절하지 않을 수 있으니 경험정리를 다시 하거나 적합한 경험을 만드시는 걸 추천드립니다!

답변을 작성해 보세요

예상 꼬리질문

K7-1 그런 경험들이 저희 회사에서 어떻게 활용될까요?
(면접관의 속마음) 지원동기만 명확하면 합격시키고 싶어!

답변을 작성해 보세요

Q K8. 아쉬웠던 점은 무엇이고 같은 기회가 온다면 어떻게 개선하시겠어요?

질문의도

피드백을 하는 지원자인가 검증하기 위한 질문입니다. 아무리 결과물이 좋았던 경험이라도 아쉬운 점은 남습니다. 그렇기에 성공,실패 경험과 상관없이 들어올 수 있는 질문입니다.

답변 가이드

성공 경험 : 목표를 달성하는 과정 가운데 개선하면 좋은 포인트를 언급해 주시거나 더 높은 목표를 향해 도전해 보고 싶은 성과나 결과물을 답변해 주세요.

실패경험 : 실패했던 원인과 문제가 무엇인지 분석하고 다음에도 같은 문제에 봉착한다면 어떻게 개선할지 답변해 주세요. 실제로 개선하여서 다른 성공 경험을 만든 적이 있다면 더욱 좋습니다.

답변을 작성해 보세요

예상 꼬리질문

K8-1 그 당시 그게 최선이었나요?
(면접관의 속마음) 피드백을 하는 사람인가?

답변을 작성해 보세요

CHAPTER 4

Chapter 4

인성면접 준비하기

인성면접은 보통 임원면접 혹은 2차 면접으로 표현한다. 하지만, 실제로 면접을 보면 1차 면접에 들어오는 면접관들도 가장 답답해하는 것이 인성검증이다. 인성면접은 임원면접 때 보는 것이라기보다는 함께 일할 수 있는 사람인가?에 대한 질문이기 때문에 보통은 '관점'에 대한 검증이 주를 이룬다. 필살기 경험을 이야기할 때도, 그 일을 왜 했는지? 어떻게 한 건지? 다시 한다면 어떻게 할 건지? 이런 입체적인 관점에서 질문하는 이유가 바로 인성에 대한 관점을 검증하기 위함이다. 여기서 인성에 대한 재정의가 필요하다. 많은 사람들이 인성을 인간 됨됨이로 생각하는데 실제로는 그렇지 않다. 면접관으로서 내가 인성에 대해 다시 정리하자면 이런 고민에 대한 것이라고 설명해 주고 싶다.

1. 일머리가 있는 사람인가?

2. 일 욕심이 있는 사람인가?

3. 그냥 월급루팡은 아닌가?

4. 조직 적응력 즉, 지시에 잘 순응할 사람인가?

5. 의사소통을 잘할 사람인가?

6. 새로운 도전을 계속할 수 있는 사람인가?

7. 정신질환이 있다고 우려될 사항은 없는가?

8. 회사를 부업으로 생각하는 사람은 아닌가?

어떤가? 조금 더 인성검증에 대해 실제적으로 보이지 않는가? 이런 질문들을 한다고 해서 꼰대라고 욕하는 건 곤란하다. 해 본 사람은 이해하겠지만, 입장이 바뀌면 여러분도 같은 고민을 하게 될 것이다. 하다못해 대학에서 팀플레이를 하더라도 얌체나 프리라이더는 빼고 싶은 게 인지상정 아닌가? 회사는 풀타임으로 계속 함께 일할 사람을 찾는 것이기 때문에 당연히 더욱 엄격해질 수밖에 없다.

그래서 인성검증에 대한 부분은 학습이 필요하다. 임원들 혹은 면접관의 관점이 어떤지 학습을 하고, 그들의 입장에서 나의 생각을 정리하면 생각보다 쉽게 대응할 수 있다. 많은 사람들이 궁금해하고, 어려워하는 대표적인 질문에 대해 의도와 추가적인 궁금증을 다루었으니 끝까지 읽고 실제 면접에서 받았던 답변이 어떠했는지 비교해 보길 바란다. 편의상 인성면접을 임원면접이라고 표기했으니 양해 바란다.

1 임원면접 마인드셋

임원면접 핵심 키워드

임원면접관이 밝히는, 임원면접 최종면접 핵심키워드!

임원면접에서 가장 중요한 몇 가지의 포인트를 알려주겠다. 가장 중요한 건 Integrity이다. 해석하면 정직함, 투명한 사람, 뭔가 신뢰할 수 있는 사람이라 할 수 있겠다. 임원면접은 1차 면접과는 다르다. 실무 면접관은 대부분 팀장급이기에 일을 잘하는지, 현업에 대해 얼마나 잘 알고 있는지 등을 궁금해한다. 임원들도 물론 이를 중요하게 생각하지만, 그것보다 이 사람의 장래성을 더 중요하게 여긴다. 그래서 Integrity인 것이다. 이 사람을 믿고 우리 회사를 맡길 수 있는가?

신입을 채용하는 임원면접은 경력이랑은 다르게, 우리 회사의 장래를 맡기는 임원으로까지 성장할 수 있는가 등의 기준을 가지고 뽑는다. 그러니까 실무 면접보다 질문이 훨씬 어렵다. '존경하는 인물이 누구인가요?', '성장 과정에서 가족은 어땠나요?' 등의 이해할 수 없는

관련 영상
임원면접관이 밝히는, 임원면접 &최종면접 핵심키워드

질문을 많이 한다. 믿을만한 사람인가를 확인하고 싶은 것이다.

임원면접을 앞두고 있는가? 일단 여러분의 합격 확률은 매우 높다. 그러니 면접에서 괜히 말을 잘하려고 이렇게 저렇게 얘기하려다가 가장 중요한 걸 놓치지 말자. 가장 중요한 건 Integrity이다.

그다음은 Potential이다. 나의 성장 가능성을 증명해야 한다. 성장 가능성을 보여주는 가장 좋은 방법은 나의 그릇의 크기를 보여주는 것이다. 그릇의 크기를 어필하는 가장 좋은 방법은 평소 학습을 많이 하는 사람임을 보여주는 것이다.

비즈니스는 매일 바뀐다. 입장 바꿔 생각해보면 쉽다. 2년간 쓰던 스마트폰과 똑같은 기종으로 사고 싶은가? 여러분 마음이 바뀌듯, 고객의 생각과 마음은 시시각각 바뀐다. 이를 따라잡으려면 학습능력을 지녀야 한다. 이게 Potential의 핵심이다. 그래서 임원면접 때 주로 나오는 질문이 '어떤 책을 읽었는가?', '요즘 어떤 데서 영감 있게 시간을 보내냐?', '누구한테 영향을 받았냐?' 등이다. 여러분의 Potential, 학습 가능성, 학습의 깊이를 검증하기 위함이다.

[Youtube 댓글 질문] 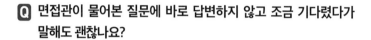 심지웅

Q 면접관이 물어본 질문에 바로 답변하지 않고 조금 기다렸다가 말해도 괜찮나요?

A 물론이다. 그런 건 전혀 상관없다. 뜸을 들이는 기술인데, 질문에 대해 생각을 정리하는 시간을 갖는 것이다. 뜸을 들이는 시간은 5초 정도를 넘기지 않는 게 좋다. 언젠가 뜸을 2분 정도 들이는 지원자도 본적이 있다. 길어져도 상관없지만, 뜸이 길어질수록 답변에 대해 기대를 하게 된다. 즉, 뜸 들이는 시간과 답변 기대 수준은 정비례 관계라고 보면 된다. 바로 답변하는 게 가장 좋지만, 정리 안 된 생각을 쏟아내면서 머릿속으로 정리하는 것보다는 잠시 뜸을 들이더라도, 생각을 정리해서 답변하는 게 좋다. 특히 임원들은 잠시 뜸을 기다려 줄 인내심은 있지만, 정리 안 된 헛소리는 단 한 순간도 참아줄 인내심이 없다는 특징을 가지고 있다. 알고 답변할 수 있는 정도까지 솔직하게 이야기하면 된다.

임원들의 언어와 사고구조를 이해해야 한다. 묻는 말에만 답변하기, 두괄식으로 결론 먼저 이야기하기, 근거를 가지고 자신의 주장을 뒷받침하기, 이 3가지 원칙은 반드시 지키길 바란다.

Q 성장 배경이 산업의 관심도를 묻는 거라고 하셨는데 직무 관련 지식이나 경험을 어필해야 하는 건가요?

A   지원하는 직무 혹은 산업을 접하게 된 성장 배경을 어필하면 좋다. 사실 성장 배경을 묻는 이유는 그렇게 간단하지 않다. 그 사람의 성장 배경이라고 할 수 있는 가족관계를 비롯해서 학창시절의 특이한 사건 이나 영향을 받은 인물 등, 모든 영역에서 파악해야 하는 요소이다. 그 런데 그 짧은 시간에 일대기를 돌아볼 수 없고, 면접관이 사람을 깊이 있게 판단할 수 있는 역량이 없는 경우가 있다 보니 표준화된 평가를 위해 최근에는 이 문항을 없애는 추세다. 그럼에도 불구하고 임원면 접 때는 자주 질문을 받는 내용인데, 지원 분야에 관심을 갖게 된 계기 혹은 성공 경험을 갖게 된 배경을 설명하면 좋을 것 같다.

    우문현답이라고 했던가? 어떤 질문을 하던 필살기로 답변하는 방 법을 연습해야 한다.

Q 최종면접에서 떨어졌는데 재지원하면 질척거리는 건가요?

A   그건 아니다. 일단 최종면접까지 올라갔다는 것은 그 기업에서도 선 발에 대한 의사가 있다는 뜻이다. 면접 이후 불합격 사유에 대해서 피

드백이 안 되기 때문에 정확한 이유를 알 수는 없지만, 준비 과정을 피드백하고 면접을 복기하면서 나름의 가설을 검증할 수 있다. 스스로 생각할 수 있는 요인들을 정리해서 교정하고 다시 지원하자.

또 요즘에는 고시화 된 패턴이 있어서, 한두 번 떨어지는 걸 그리 신경 쓰지 않는 기업들도 많아졌다. 물론 나는 별로 좋은 현상은 아니라고 보지만, 실제로 그런 기업들이 있다는 사실 역시 바뀌지 않으니, 마음 편하게 다시 지원해도 상관없을 것 같다.

중요한 것은 직무 > 산업 > 직장이라는 순서와 우선순위를 기억하고 피드백해야 한다는 것이다. 내가 왜 떨어졌는지를 저 단계에서 피드백해보고, 직무와 산업이 원인이었다면, 경험을 만들어야 함을 기억해라. 직장에 대한 부분이었다면 현직자 인터뷰와 임원 커리큘럼 학습을 통해 보완할 수 있다. 중요한 것은 피드백을 먼저 해야 한다는 것이다.

[Youtube 댓글 질문] 정경원 👍 5, yg zz, 김민영, Ikjae shin, 노규동, Sunny 👍 8

Q 면접 때 병풍이 된 것 같아요. 면접관이 형식적인 질문과 회사 소개만 하고 면접을 끝내버리려고 하는 경우의 대처법?

A   가끔 이런 회사가 있을 수 있다. 기껏 면접보러 오라고 해놓고, 이렇다 할 질문도 없이 그냥 면접이 끝나버리는 경우다. 나로서는 이해가 안 되는 대목이지만, 몇 가지 유추해볼 수는 있다.

먼저 내정자가 있는 경우다. 내정자라는 것이 항상 안 좋은 의미만 있는 것은 아니고, 면접 전에 서류상으로 월등한 경쟁력을 가지고 있어서 크게 변동이 없을 것 같다고 느껴지는 경우도 있고 반대의 경우도 있을 수 있다. 그런 경우 면접 때 이런저런 질문을 많이 안 하게 되고, 지원자 입장에서는 병풍 면접을 봤다고 느낄 수 있다.

또 다른 경우의 수를 생각해보자면, 면접관 훈련이 덜 된 경우다. 생각보다 이런 경우가 많다. 채용팀의 가장 큰 고민이 바로 면접관의 표준화다. 저마다 생각이 다르고 경험이 다르기에 균일화 된 평가 체계를 갖추는 것이 항상 어려운데, 그 과정에서 간혹 면접을 처음 경험하거나, 그 부분에 재능이 없는 분들이 편성되어 얼음장 같은 면접을 진행하는 경우가 더러 있다.

이외에도 예상하지 못하는 많은 경우의 수가 있을 수 있지만, 정신 차리고 명심해야 할 것이 있다. 할 말을 미리 준비해서 전부 하고 나오는 데에만 집중해야 한다는 것이다. 그 외의 것들에 너무 집중하지 마라. 면까몰이라는 단어가 왜 생겼나? 분명 병풍 면접이었는데 합격하는 경우가 있고, 그 반대의 경우도 허다하다. 나 혼자 병풍이라고 느낄수도 있고, 더이상 검증할 게 없어서 그럴 수도 있다. 다시 한번 명심하자. 필살기에만 집중해라. 그러면 좋은 결과가 있을 것이다.

인성면접 vs. 직무면접

최종면접까지 갔는데, 직무면접을 잘 못본 것 같다면? 괜히 합산돼서 불합격하게 될까 궁금한 사람이 있을 것이다. 최종면접(임원면접)이 점수표로 관리되는가, 그것에 합불 결과가 영향 받는가에 대한 답변이다.

일반적인 통념

일반적으로 알고 있는 내용을 정리해보자. 먼저, 모든 과정의 면접 점수를 합산한다. 두 번째는 임원들에게 직무면접 결과와 함께, 최종면접에서 검증할 포인트를 알려준다. 그래서 직무면접 때 잘 답변하지 못한 내용을 집중적으로 검증한다. 마지막으로, 들어가기 전에 합불에 대한 채용팀의 의견은 어느 정도 정리되어 있다.

세 가지 내용 모두 팩트로 따지면 맞다. 1차 면접(직무면접) 내용을 기록으로 남겨 2차 면접(임원면접) 면접관에게 제공한다. 물론 제공하지 않는 회사도 있다. 또 소수지만 어느 정도의 합격선을 정해놓는 회사가 있다. 하지만 중요한 사실은, 위의 내용에 너무 주목할 필요가 없다는 것이다.

관련 영상 : 면접관이 직접 답하는,
"직무면접 결과가 최종면접(임원면접)에 반영되나요?"

주눅 들지말자

1차 면접과 2차 면접의 면접관은 공통적으로 뽑아야 될 이유가 있는 사람을 채용한다. 굳이 차이를 나누자면, 아무래도 1차 면접관은 실무자니 데리고 일하기 좋은 사람을 뽑고자 한다. 2차 면접관인 임원들은 회사의 레벨을 높여주고, 그동안 생각하지 못한 새로운 고객 관점을 줄 만한 사람을 채용하려 한다. 즉 'Potential'을 중요하게 생각한다. 그러나 이는 굳이 나눈 것일 뿐, 1차 / 2차 면접 모두 동일하게 좋은 사람을 뽑으려고 한다 해도 과언이 아니다.

1차 면접 때 분명 망친 거 같은데 합격했는가? 주눅들지 말자. 점수를 매기지만 어차피 기록을 남기기 위한 목적이다. 점수 자체로 합불을 가르지 않는다.

임원 입장에서 생각해보자. 면접장에 들어와서 자료를 본다. 방대하고 복잡한 자료가 눈앞에 있다. 그러나 대부분의 임원은 자기소개서 같이, 직접 작성한 자료부터 본다. 그런데 이 내용도 길기 때문에, 다 읽지 못한다. 이런 여러 가지 환경적인 요소들로 인해, 1차 면접 평가 자료까지 깊이 검토하기 어려운 것이 사실이다. 또 2차 면접관의 관점이 다른 부분이 있기 때문에 1차 면접 결과를 매우 신뢰하지도 않는 경우가 많다. 임원 정도 올라갔으면, 사람 보는 눈이 있다고 자부하는 사람들일 확률이 높다. 이게 좀 억지스러운 것 같아도, 이런 점 때문에 임원을 면접관으로 모시는 것이다. 대부분 자신만의 통찰과 생각 안에서 질문한다. 그렇게 평가하는데 이미 익숙한 사람들이고, 채용팀은 그 관점을 통해서 사람을 선발한다.

그래서 결론적으로, 임원면접은 제로 베이스에서 새로 평가된다고 생각해도 무방하다. 그러니 1차 면접(직무면접)을 망쳤거나, 잘못 대답한 게 있더라도 괜찮다. 본인은 1차 면접을 정말 잘 본 사람이라는 마인드로 면접에 임하자.

임원면접 TIP!

첫 번째, 필살기를 정교하게 정리하자. 임원들은 필살기를 숫자 베이스로 잘 정리할 때 더욱 반응하는 사람이다. 여러분에게 주목하게 될 것이다.

두 번째는 임원들의 귀가 확 열리는 이야기를 해야 한다. 임원들은 주로 각 직장의 팀장들과 일한다. 매일 듣는 소리가 현직자들의 말이다. 임원들이 정말 궁금해하고, 그들의 눈을 뜨이게 만드는 건 바로 고객의 소리이다.

그래서 임원면접 전, 고객조사를 해보길 권한다. 매장, 산업 현장, 시스템 등을 온/오프라인에서 파악해보자. 엄청난 임팩트를 줄 것이다. 임원면접 전에 짧더라도 고객조사를 시행한 후, 거기서 얻은 인사이트를 어필하자.

세 번째는 **일관성과 진정성이다.** 즉, 자기소개서에 작성한 내용, 1차 면접 때 말한 필살기, 예상 질문에 대한 답변들이 일관됐는가, 논리적인 오류가 없는가를 계속 피드백하자.

그래서 면접은 여러 사람과 연습해야 한다. 논리 구조에 오류 사항이 없는지 함께 크로스체크 해야 한다. 면접 유경험자면 가장 좋고, 아니어도 스터디를 구성해서 면접을 함께 준비해보자.

 핵심 Point!

1차 면접을 망쳤어도 쫄지말고 전진하자!

관련 영상 : 면접관이 직접 답하는,
"임원면접 자기소개, 직무면접과 다르게 해야 할까요?"

임원면접은 결국 제로베이스

직무면접 때 했던 자기소개를 임원면접 때 그대로 해도 되는지 묻는 질문이 많다. 결론부터 말하면, 동일하게 하는 것이 좋다. 이를 설명하기에 앞서 임원면접에 대한 몇 가지 오해를 정리해보자.

1) 임원면접과 직무면접은 관점이 많이 다를 것이다.
2) 뭔가 새로운 아이디어가 필요할 것이다.
3) 직무면접과 동일하게 1분 자기소개하면 면접관들이 지루해할 수 있다.
4) 임원면접이니 다른 포인트를 어필해야 할 것이다.

맞는 부분도 있지만 대부분 틀렸다. 뽑아야 될 이유가 있는 사람을 채용하는 게 면접이다. 이 관점에서 직무면접과 임원면접의 본질적인 목적은 동일하다. 차이가 있다면, 각 단계의 면접관들이 자신이 판단할 수 있는 부분을 질문할 뿐이다.

직무면접과 임원면접, 관점의 차이

직무면접의 면접관은 부서장, 팀장급 등의 실무자다. 이들은 당연히 실무자 관점에서 질문한다. '이 일을 할 줄 아는지, 이런 개념을 알고 있는지.' 등을 물어본다. 반면 임원은 직무면접 면접관의 상사인 사람들이다. 수많은 사람을 데리고 일해 본 임원들은 '실력은 거기서 거기다.'라고 생각한다. 어느 정도 시간이 지나면 직무역량은 거의 비슷해지기 때문이다. 큰 성과를 낼 수 있는 몇 개의 중요한 포인트에 주목한다.

핵심은 직무면접과 임원면접은 사실상 같은 면접이라는 사실이다. 다만 면접관의 레벨 차이가 있을 뿐이다.

군이 1분 자기소개를 다르게 준비할 필요가 없다. 똑같이 필살기 경험으로 어필하면 된다. 지원 직무의 유사경험, 그 안에서의 성공 경험, 그 결과 갖게 된 인사이트의 조합인 필살기를, 숫자 베이스로 정리해서 두괄식으로 전달하자.

임원면접 꿀팁

임원면접에 몇 가지 팁이 있다. 먼저 임원들이 고민할만한 내용을 생각하고 가면 좋다. 임원들이 자주 하는 고민 중의 하나가 '세대 간 차이의 특징'이다. 임원면접관은 젊은 세대의 사고방식을 잘 이해하지 못한다. 그러니 여러분의 세대적 특징을 그대로 드러내기보다, 조금은 전통적이고 보수적인 듯한 임원면접관 세대의 장점을 정리해보자. 분명히 배울 점이 있다. 그 부분을 배우고, 얼마든지 수용할 수 있다는 분위기를 풍기면 좋다.

또 임원들이 읽을만한 책을 읽어보길 추천한다. 임원들의 고민은 꽝

장히 넓고 깊다. 해당 직무와 산업 분야에 앞선 사람들이 저술한 서적들을 읽어보자. *288페이지의 이형의 추천도서 목록 참조 그들이 이런 고민을 하고 있다는 정도만 머릿속에 넣고 가면 좋다.

마지막으로 유념해야 될 점이 있다. 참신한 것과 개념없는 건 다르다. 자신을 어필하기 위해 가끔 버릇없게 말하는 사람이 있다. 그러니 면접 전에 부모님과 연습하는 방법도 추천한다. 부모님께 예상 질문리스트를 드리고 질문-답변을 진행해보자. 이후 부모님께 답변이 불쾌하거나 버릇없이 보이지 않는지 검증해보자.

겸손하게 말하는 건 팩트로 말하는 것이다. 나의 생각과 의도를 부풀려 설명하지 말고, 실제 한 것을 담백하고 겸손하게 두괄식으로 얘기하자.

 핵심 Point!

1차(직무)면접과 2차(임원)면접, 모두 동일하다.
자기소개도 똑같이 말하자!

임원면접 대표 질문 리스트

상사가 부당한 업무지시를 한다면?

'상사가 부당한 일을 시킨다면 어떻게 하시겠습니까?' 라는 질문은 면접에서 빈번하게 출제되지만, 많은 이들이 답변하기 어려워한다. 이 질문을 어떻게 해석하고 답변해야 할지 설명하려고 한다.

모든 질문에는 의도가 있다. 의도를 정확히 캐치하여 그에 맞게 답변해야 한다. 그러면 답변의 길이는 크게 문제되지 않는다. 상사의 부당한 업무지시에 대한 반응을 질문하는 의도는 무엇일까? 사실 이를 통해서 얻고자 하는 바는 굉장히 명확하다.

질문의 핵심 파악하기

질문의 핵심을 파악하는 열쇠는 부당함을 판단하는 가치와 사고 체계이다. 여러분은 어떤 지시를 받을 때 부당하다고 느끼는가? 또 부당한 업무가 무엇이라고 생각하는가? 이에 대해 스스로의 답을 가지고 있어야 한다.

관련 영상
면접관이 알려주는 "상사가 부당한 업무를 지시한다면?" 질문의도!

지원자가 '이런 업무는 못 한다.' 또는 '이런 업무는 전혀 문제 되지 않는다.'는 한계선을 확인하는 질문이기 때문에 정답은 없다. 다만 의도를 가지고 질문했으니, 기대하는 답변의 방향성은 존재한다.

설명하기에 앞서, 나는 여러분 편임을 다시 한번 밝힌다! 면접관의 입장에서, 면접관의 속마음을 솔직히 밝히는 게 이 책의 목적이니, 마음에 안 드는 내용이 나오더라도 너무 격분하지 않길 바란다.

가장 먼저, 부당함에 대한 가치 판단을 하자. 이때 여러분은 신입사원이 부당함을 판단할 지식과 경험이 부족하다는 사실을 인정해야 한다. 예를 들어보자. 퇴근 30분 전에 내일 아침까지 마무리해야 하는 업무를 지시 받는다면, 이는 부당한가? 또 다른 사례도 보자. 금요일 퇴근 시간이 다 되어가는데 다음 주 월요일까지 마무리해야 하는 업무를 받는다면, 부당한 지시인가?

물론 신입사원 입장에서 부당하다 느낄 수 있다. 그러나 입장을 바꿔 상사의 관점에서 생각해보자. 예를 들어 2시간이면 끝낼 일을 신입사원이 이틀이 지나도록 못 끝내고 있다. 상사 입장에서는 이게 부당한 상황이다. 그래서 퇴근 30분 전이라도 또는 금요일 퇴근 시간이라도, 정확한 기한을 제시하여 업무를 준 것이다.

이처럼 입장과 해석에 따른 부당함의 차이는 아주 크다. 신입사원도 부당함을 느끼지만, 상사 또한 부당함을 느끼는 입장일 수 있다. 다소 극단적인 사례를 든 이유는 이해를 돕기 위함이지, 저 상사가 옳다는 건 아니다.

어쨌든 위 사례에서 볼 수 있듯, 부당함을 판단하는 관점은 많지만, 각자의 입장이 다를 수 있기 때문에 무엇이 정말 부당한지 알기 쉽지 않다. 그래서 **판단을 유보하는 게 가장 좋다.** 대부분의 지시는 상사가 맞다는 전제 하에 답하는 게 사실 정답이다. 부당한 지시를 하겠다고 물어보는 게 아니고, 부당함에 대해 당신의 입장을 묻는 질문이라는 사실을 잊지 마라!

하지만 절대 놓쳐서 안 되는 포인트는 **비윤리적인 행위**이다. 만약 상사가 비윤리적인 업무를 지시했다면 신입사원 입장에서 100% 부당하다. 비윤리적임을 판단하는 기준은 '**법**'이다. 횡령, 자금 불법유통 등의 사례를 들 수 있다.

여기서 퇴근 시간에 업무를 지시하는 건 근로시간 위법이라는 반론을 제기할 수 있다. 하지만 이는 앞서 말했듯이 업무가 숙련되지 않은 신입사원의 업무처리가 미숙하기에 나타나는 현상일 수도 있는 것이다.

즉, 신입사원인데 지시받은 업무에 대한 판단을 내리는 것 자체가 기업에서 원치 않는 인재상일 수 있다. 신입사원은 능력이 없는 게 당연하기 때문이다. 기업은 신입사원으로서 부족함을 인정하고, 배우려는 겸손한 태도를 가진 사람을 뽑고 싶어 한다.

이렇게 답변하자!

업무지시의 **불법성 여부**만 판단하자. 업무를 지시받았을 때 불법적 요소의 유무만을 확인하겠다고 답변하면 된다. 불법적 지시가 애매하거나 없다면, 신입사원으로서 일단 상사의 지시를 따르겠다고 답하는 게 맞는 태도이다.

누가 봐도 불법에 해당된다면, 해당 상사에게 "이러한 불법적 요소가 있는데 해도 괜찮은가요?"라고 이의제기하면 된다. 만약 그럼에도 하라고 지시한다면 절대 수행하면 안 된다는 관점이 있어야 한다. 회사에 더 큰 피해를 줄 수 있기 때문이다. 그때는 차상위 상사에게 보고하면 된다. 대기업의 경우 감사팀에 얘기하면 된다.

이 질문의 함정은 '누가 판단하는가, 그리고 판단 근거는 무엇인가?'라는 2가지를 확인하려는 것이다. 이를 기억하자.

필자가 면접관이었을 때, 이후 구체적인 케이스를 연달아 질문했다. "퇴근하기 1시간 전에 업무를 주면 부당한 지시 아닌가요?", "매장 오픈을 해야 하는데 회사에서 물량을 충분히 공급하지 않는다면, 부당한 지시 아닌가요?" 등의 케이스 질문이다.

이에 대한 답변에서, 신입사원으로서 상사의 연륜과 판단을 신뢰한다는 태도를 보여주자. 불법적인 요소의 유무만을 명확히 확인하겠다고 말하면 된다. 어려운 상황을 뚫어가는 건 우리의 직무 역량이고 몫이다.

⊗ 핵심 Point!

윤리적인 문제가 있는지 판단한 뒤에, 없다면 상사의 지시를 따른다. 이외의 문제는 스스로의 능력 문제라는 것을 인정하자. 반면 누가 봐도 비윤리적인 지시일 경우 해당 상사에게 공손하게 질문한 뒤에, 차상급 의사결정자 또는 감사팀에게 정식으로 확인한 후 업무를 처리한다고 답변하자.

[Youtube 댓글 질문] 👤 하지원 👍114, km ha 👍94, Sam Park 👍13, DH C👍31, 이탈👍6

Q 업무를 못하는 신입을 뽑은 건 회사 탓 아닌가요? 신입사원은 능력이 안 되서 월급을 적게 받고, 주 52시간은 법으로 정해져 있는데 능력이 안 되니 일을 더 하라는 결론이 어떻게 나올수가 있나요? 신입의 능력에 맞는 업무를 줘야하는 거 아닌가요?

A 이 영상 올리고 나서 엄청난 후폭풍에 시달렸다. 내가 말하고자 한 요점은 면접관의 입장에서도 생각을 해달라는 것이었다. 근데 막상

댓글을 보니 그런 마인드라서 대한민국이 이 모양이라느니, 그런 신입을 뽑은 지들이 잘못한 거지 영락없는 꼰대라는 등, 아예 대놓고 쌍욕을 하시는 분들도 있었다.

이 문제를 단순히 나와 회사의 근로계약으로만 보지 말고, 동료와의 경쟁력으로 바꿔서 생각해보자. 저 질문은 면접관의 트릭이 숨겨져 있는 완벽한 낚시 질문이다. 끊임없이 자기 계발을 통해서 회사에 공헌하기 위한 경쟁력을 만들어내는 사람인지, 정해진 시간에 정해주는 일만 따박따박 하면서 수평적인 문화만을 요구하는 사람인지 보기 위함이다.

물론 정말 부당한 업무를 시키려는 기업도 있을 수 있다. 하지만 일반적으로 그런 기업이 흔한 것은 아니기에 그 부분은 다루지 않았다. 정말 그런 의도로 질문을 하는 기업이라면, 답은 하나다. 그 기업을 바꾸려 하지 말고, 그냥 다른 기업을 찾아라.

나는 위 댓글과 같은 이해와 입장에 대해 충분히 수용할 수 있고, 또 동의도 된다. 다만 아쉬운 것은, 지식근로자라는 개념이 없이 근무라는 개념을 책상에 앉아있는 시간으로만 생각하는 육체근로자의 관점이다.

여러분이 정말 하고 싶은 일은 무엇인가? 정해진 시간에, 정해진 위치에서, 정해진 일을 하는 것인가? (AI가 곧 대체해 버릴 그런 일?) 우리가 정말 하고 싶은 것은 일이나 상품과 서비스에 자신의 생각을 녹여내고, 아이디어를 반영해서 시대를 앞서면서도 세상에 없는 멋진 결과물을 만들어내고 싶은 것이 아닌가? 그것이 의미 있고, 도전하고 싶은 일이며 즐겁고 재미있게 할 이상적인 직업 아닌가? 그러기 위해서 먼저 당신이 갖춰야 할 것이 있다고 설명한 것이다. 퇴근 후에는 낮은 생산성을 극복하기 위한 자기 계발을 해야 하지 않을까? 이는 다시 경쟁력으로 연결된다.

명심하자. 지금이야 여러분 눈에 취업 밖에 안 보이겠지만, 취업 후에는 더욱 큰 정글이 기다리고 있다. 그게 시장의 기초 이론이고, 인류는 지금까지 그 환경 속에서 가장 큰 번영을 누렸고, 끊임없이 발전해 왔다. 이 현실은 바뀌지 않는다. 우리가 적응할 것인가 아닌가의 선택만이 존재할 뿐이다.

[Youtube 댓글 질문]  ㅋ줄라탄복근줄리탄탄👍216, RJ Aurum, Junho Lee👍45, 전디찬👍43

Q 질문의 취지가 노예근성을 가진 사람을 찾겠다는 것 아닌가요?

A 위 댓글에 공감하고 있다면, 내가 하는 질문에 스스로 답변해 보고 나서 이 책을 계속 학습하면 좋겠다. '노예근성을 가진 자와 조직 충성도가 높은 자는 어떻게 다른가?' 이 질문을 조금 더 깊이 있게 바꾸면 이렇다. '노예와 노예가 아닌 자를 구분 짓는 본질적 특성은 무엇인가?' 이 질문에 대해 이렇게 답변하고 싶다.

노예와 노예가 아닌 자를 구분하는 본질은 바로 '자유'다. 노예처럼 살지만, 스스로 그 삶을 선택하여 안정감을 누리는 사람이 있고, 전혀 노예 같지 않지만, 온갖 속박으로 인해 실제로는 노예의 삶을 사는 사람이 있다.

두 사람 중 대체 누가 노예인가? 선택할 수 있다면 그것은 노예가 아니다. 누가 여러분에게 노예가 되길 강요하는가? 여러분은 선택할 수 있다. 나에게 잘 맞는 직무와 산업과 직장을 찾아 떠나라. 연봉 때문에 그게 안 되겠다고? 그렇다면 이미 연봉에 묶인 노예다. 고액의 연봉을 받는 노예라고 해도 무방하다. 노예 근성은 바로 어떤 종속적인 개념에 묶여 있을 때 발휘되는 것이다.

상사가 부당한 지시를 했는데, 그것이 나의 가치관과 맞지 않다면 당연히 따르면 안 된다. 그러기 위해서는 당신의 가치관이 먼저 정리되어 있어야 한다. 영상에서 밝혔듯이 부당하다는 개념 자체가 매우 상대적이고, 시대에 따라 다르기 때문에 최소한의 요건인 법을 기준으로 보자는 뜻이다. 나머지는 성장하는 과정으로 우리가 얼마든지 극복할 수 있다.

사업체를 운영하는 CEO로서 우리 회사 직원들이 노예가 될 원치 않는다. 부담스럽고 답이 안 나온다. 아무 생각 안 하는 멍청한 노예 100명보다, 생각하는 자유인 한 명과 함께 성장하고 싶다.

가장 힘든 상사는 어떤 유형의 상사일 것 같나요?

면접에서 "어떤 사람과 같이 일하기 힘든가요?"라고 질문할 때가 있다. 뭐라고 대답해도 "그런 사람 우리 회사에 많은데…" 라고 말할 것 같고, 나의 인성 문제가 드러날까 답변을 어려워한다.

모든 질문에는 의도가 있다는 걸 항상 기억하자. 이 질문 역시 함정이 있다. 물론 묻는 사람마다 차이는 있으나, 일반적으로 지원자의 기본적인 마인드셋 및 관점과 태도를 확인하는 질문이다.

팀워크 확인하기

입사 후에 일하기 힘든 사람을 만났을 때 어떻게 극복할 것인가는 핵심 의도가 아니다. 같이 일할 때 힘들지 않은 사람이 과연 있을까? 성장 배경, 관점, 깊이가 각기 다른 사람이 모였기에, 동일한 주제를 다루더라도 당연히 트러블이 발생한다.

즉, 어떤 유형의 사람과는 함께 일할 수 없다는 답변은 일단 틀렸다. 입사한 뒤 우리가 해야 할 일은 팀워크를 키우는 것이다. 팀워크 안에서 성과를 내는 게 현시대에 적합한 비즈니스 방식이다.

상사를 어렵게 느끼는 건 당연하다. 일하기 힘든 '상사'의 유형을 콕 집어 묻는다면, 이는 지원자의 겸손을 확인하려는 의도이다. 상사에게 맞출 마인드가 준비됐는지 확인하는 것이다. 여러분이 다른 사람에게 잘 맞추는 사람임을 어필하자. 잘 맞추는 훈련이 된 사람임을 어필할 수 있는 사례 또는 관련된 경험을 쓰는 게 좋다.

고객 관점 어필하기

정말로 함께 일하기 어려운 사람 유형을 물을 때도 있다. 이때 추천 답변은, '고객 관점이 없는 사람' 또는 '고집불통인 사람'을 제시하는 것이다. 고객은 안중에 없이 귀를 닫은 채, 자신만 생각하는 사람을 제시하자. 임원들은 이런 유형의 사람을 정말 답답해한다.

고객 관점이 없는 사람, 고집불통인 사람, 이기적으로 일하는 사람 등을 제시하면 여러분의 고객 '관점'을 어필할 수 있다. 즉, 사람의 특징이 아닌 나의 관점과 태도를 어필하는 것이다. 신입사원, 3년 미만의 중고신입은 태도가 가장 중요하기에 임원들의 눈에 띌 것이다.

고객 관점이 없는 사람을 만난 경험은 대부분 있다. 예를 들면 팀플에 무임승차하여 피해를 준 사람 등이다. 살면서 고객 관점 또는 목표 지향적이지 않은 사람을 만났을 때 어려웠음을 어필하자. 그러면 질문의 함정에 빠지지 않고, 임원이 원하는 답을 들려줄 수 있다.

 핵심 Point !

고객 관점을 잊지 말자!

관련 영상
면접관이 밝히는, '같이 일하기 힘든 사람/상사의 유형은?' 질문 해석

자네 꿈이 뭔가?

임원면접에서 "꿈이 뭔가요?" 라고 질문 받으면 머릿속이 갑자기 새하얘질 수 있다. 분명 입사 후 포부 때 다 제시했는데 '또 묻는 의도가 뭐지?'라는 고민에 빠진다.

꿈을 묻는 의도

첫째, 입사 후 포부를 더 자세히 듣고 싶기 때문이다. 작성한 내용이 정말 맞는지 검증하며, 여러분의 생각을 구체적으로 설명할 기회를 주는 것이다. 임원면접에서는 항상 일관성을 중복하여 점검한다.

둘째, 혹여 바로 퇴사하고 이직할만한 사람인지 검증하기 위함이다. 임원은 해당 면접자가 우리 회사에서 계속 성장할 사람인지, 이 사람에게 우리 회사를 맡길 수 있는지 등을 생각한다.

셋째, 그릇의 크기를 확인하기 위함이다. 각 사람마다 그릇의 크기가 다르다. 때문에 이 사람의 깊이, 뜻의 수준 등을 보기 위한 질문이다. 보통 그릇이 큰 사람은 조직 지향적이다. 나의 유익보다 조직을 위해 기여할 점에 포커스를 둔다. 이기심이 아닌 이타적 방향성을 추구한다.

이는 회사 내에서의 성장 경로 또는 입사 후 포부와 비슷하면서도 다르다. 입사 후 포부는 회사에서 어떻게 성장할 지를 설명하는 내용이다. 꿈은 입사 후 포부 내용과 연결하여, 본인이 궁극적으로 하고 싶은 걸 제시하는 것이다.

직책이나 포지션은 꿈이 될 수 없다. 해당 직책에 오르면 꿈은 끝난 게 되기 때문이다. 그 직책과 포지션을 통해 **어떤 기여를 할 것인가**가 꿈이다. 예를 들어 우리나라를 좀 더 부강하게 만드는 꿈이 해당된다. 다소 추상적이지만, 내가 이루고 싶은 목적을 제시하는 것이다.

추상적이어도 좋으니, 커리어를 통해 궁극적으로 이루고 싶은 꿈이 무엇인지 고민해보자. 지원 분야의 선각자가 쓴 자서전을 읽는 것도 좋다. 이후 찾은 내용을 기여와 목적 등의 관점에서 짧고 간결하게 설명하자. 주의할 점은 그 과정에서 어떤 공부 또는 유학을 하고 싶다는 등의 얘기는 지양하는 게 좋다.

 핵심 Point!

꿈을 묻는 질문은 커리어 내에서 본인의 목적을 얘기하는 것이라는 걸 유념하자. 입사 후 포부와 비슷하지만, 삶 전체를 보고 생각한 내용을, 추상적이라도 그대로 전한다는 차이가 있다.

관련 영상
면접관이 밝히는 '자네 꿈이 뭔가?' 질문 의도!

Q "해당 직무에 취업이 되지 않는다면 뭐 할거에요?" 라는 질문에 솔직하게 플랜 B를 이야기해야 하나요? 아니면 끝까지 지원하겠다고 해야 하나요?

A   대표적인 낚시 질문이다. 일관성과 방향성을 물음으로서 진정성을 점검하고 싶은게 면접관의 기본이다. 해당 직무에 취업을 하려고 하는 당신의 이유가 더 중요하다. 왜 그 직무에 취업하려고 하는가? 만약 그 이유가 명확하고 그것으로 커리어를 쌓아가려는 의도가 있는가? 아니면 그냥 전공이랑 연결되고, 취업은 해야겠어서 지원하는 것인가?

방향성이 명확하고 확신이 있다면, 다른 길을 가면 안 된다. 플랜 B의 존재 자체가 이미 확신이 없음을 방증하는 것이다. 취업이 안 되면, 무엇이 부족했는지 피드백해서 다시 도전하면 그뿐이다. 지원한 기업이 한 곳밖에 없는 것은 아니지 않은가?

여기서 중요한 것은 실패 후 피드백하여 재도전하는 뚝심이 있는가? 라는 것을 묻고 싶은 것이다. 결코 낚시 질문에 낚이지 마라. 한번 떠보는 질문에 플랜 B까지 설명하면 그건 거의 확인사살이다. 면접관 입장에선 그 질문 하나로 진정성 없는 지원자를 발견한 것이다.

임원들이 인성을 중요하게 보는 이유는, 능력보다 인성이 더 중요하다는 것을 알기 때문이다. 인성의 핵심은 일관성과 진정성이다. 내 삶에 대해 먼저 생각해보고, 그것의 방향을 찾아가도록 하자.

공백기 대답 어떻게 해야 하나요?

공백기를 묻는 이유

공백기의 유무조차 판단하지 못하겠는데 자꾸 물어보는 이유가 무엇일까? 나도 면접관이었을 때 지원자의 이력 사항에서 반드시 공백기를 점검했다. 지원자가 자신의 길을 일관되게 걸어왔는지를 확인하고, 또 아무 생각이 없는 사람은 아닌가를 확인하기 위해서였다. 정반대로 생각이 너무 많아 일관되지 않은 삶을 살아온 경우도 있었다. 이 경우에 대부분 뚝심과 내공이 부족하다. 그래서 열심히 하긴 하는데 끝맺지 못하여 깊이가 없을 확률이 높다.

이와 같은 이유로 지원자가 직무와 산업을 여기저기 옮겨다녔는지, 혹은 공백기에 아무것도 안 하면서 시간을 허비했는지 등을 확인했다.

물론 공백기 자체가 문제는 아니다. 그런데 일관성이 떨어지거나, 아무것도 안 하고 시간을 보냈으면 문제다. 깊이의 문제, 또 자원 활용의 문제가 발생하기 때문이다. 둘 다 기업에서 선호하지 않는다. 그러니 공백기가 있다면 사유를 잘 정리해서 현명하게 답변하자.

관련 영상
면접관이 밝히는, "공백기때 뭐하셨어요?" 질문의 핵심!

공백기를 설명하는 법

적당한 공백기는 어느 정도 기간을 의미할까? 보통 6개월 이내는 공백기로 생각하지 않는다. 요즘 취업이 힘들다는 걸 면접관들도 이해한다. 사실 취업 준비 기간으로 1년도 괜찮다고 말하고 싶다. 이 기간에 어떤 게 부족했는지를 끊임없이 피드백하고 보완하며 취업을 준비해 왔다고 말하면 된다.

가장 큰 문제는 일관성 없는 것이다. 화장품, 레스토랑, 카페, 공장 등으로 여기저기 옮겨 다니며 일을 했다고 가정해보자. 물론 어떤 인사이트를 얻기 위한 행동이었음을 납득시킬 수 있다면 문제없다. 면접관이 궁금한 건 그러한 행동을 한 이유다.

사실 여러 군데에서 아르바이트를 한 이유는 대부분 돈을 벌기 위함이다. 솔직하게 얘기하자. 그 경험 자체에 그리 큰 의미를 두지 않았다고 설명하면 된다. 중요한 건 그 가운데 필살기 경험이 있는가이다.

즉, 돈을 벌거나 적성을 찾기 위해 여러 경험을 했다면 그대로 어필하자. 핵심은 지원 직무와 연결시킬 수 있는 공통적인 경험을 추출하는 것이다. 예를 들어 여러 경험 중에서 의사소통, 분석력, 실행력 등의 역량을 뽑아내 보자. 그 역량은 당연히 지원 직무와 연결되어야 한다. 그러면 이 모든 경험이 사실은 지원 직무를 준비하기 위함이었음을 어필할 수 있다. 이는 여러분의 공백기 또는 일관성이 없는 경험을 잘 설명할 수 있는 방법이다.

 핵심 Point!

나이가 많거나 이직 준비 중이라면 공백기 관련 질문을 반드시 준비하자. 해외 어학연수, 취업 준비로 인한 공백기가 6개월-1년 정도 있는 사람이라면 너무 걱정하지 말자. 필살기를 잘 준비해서 어필하면 된다!

신입지원, 제 나이 필터링 될까요?

나이가 많은 데 지원해도 되는지 걱정한다. 사실 신입사원의 나이 제한은 없다. 하지만 실제 취업 시 불이익을 받는지가 궁금할 것이다.

30대라도 가능할까?

약 6개월 전에 취업 관련 데이터를 다루는 회사와 협업한 적이 있다. 그때 자소서 관련 데이터를 확인한 결과, 30대 초반까지는 합격률에 별 차이가 없었다. 다만 면접의 최종 합격률은 모르겠다. 지금까지의 경험으로 추측하자면, 30대 중반 이상은 최종 합격이 어려웠다. 30대 중반 이상이 어려운 이유가 있다.

가장 먼저 조직 문화적 요소이다. 30대 중반 이상이면 대부분 조직에서 최소 대리 이상의 직급이다. 또 신입을 채용하는 이유는 **조직에 생기를 불어넣기 위함이다.** 그런데 30대 중반만 돼도 신입사원 같지 않다. 그래서 나이가 많은 신입사원을 기피하는 경향이 없지는 않다. 정확히 말하자면 33살까지는 남녀 상관없이 괜찮다. 필자는 36살까지 채용해봤다.

물론 나이 많은 신입사원이 좋은 경우도 있다. 성숙하기에 조직을 이해하며 받아들이고, 상사의 권위에 따르고, 주변 사람들과 소통하며 불이익을 감수하는 모습을 보인다. 또 너무 어리면 협력업체와 고객에게 무시당할 수 있는데, 이 상황을 능수능란하게 넘기는 여유가 있다. 그래서 그 사람의 강점에 따라 나이가 많은 사람을 더 좋게 본 경우도 있다.

30대 이상이라면 3가지 포인트를 기억하자. **첫째, 30대 초반까지는 괜찮다.** 마음 놓고 도전하자! 괜한 긴장감과 자격지심을 가질 필요가 전혀 없다. **둘째, 의사소통에 강점이 있고 성숙하다는 점을 어필하라.** 이는 조직에서 굉장히 필요한 요소이다. 연륜이 있으면 경험이 많으니, 나름의 의사소통의 노하우와 인격적 성숙함이 있다. 나이를 연륜으로 보도록 어필해라. **셋째, 공백기에 대한 답을 반드시 준비해야 한다.** 나이가 많고 적은 게 중요한 게 아니다. 공백기가 검증되지 않으면 일관성 문제로 떨어진다. 사실 4-50대가 아니면 단순히 나이가 많아서 떨어지는 경우는 별로 없다.

중요한 건 필살기의 유무이다. 필살기 없이 나이가 많으면 당연히 문제가 된다. 그러나 필살기 경험이 있고 공백기까지 설명 가능하다면,

---

관련 영상 : 면접관이 답한다!
내 나이, 신입으로 지원하기에 괜찮을까? (신입나이 마지노선?)

나이가 많아도 전혀 상관없다. 30대 이하는 묻지도 따지지도 말고 자신 있게 가라!

다만 서비스직, 육체적인 활동이 많이 동반되는 직무는 나이의 호불호가 있을 수 있으니, 지원 직무와 산업에 대한 특징을 알아보자. 만약 30대인 게 불리하다면 직무를 다른 쪽으로 바꾸는 것도 좋은 방법이 된다.

Q 여자도 동일하게 적용되는 거 정말 맞나요?

A 매우 조심스러운 질문이다. 말 잘못 했다가 완전 골로 갈 수 있는 위험한 질문이지만, 너무도 많은 사람들이 속 시원히 듣고 싶어 할 것 같다. 아무리 객관적으로 이야기하려고 해도, 듣는 사람의 생각과 입장에 따라 굉장히 안 좋은 이야기가 될 수도 있어서 조심스럽게 이야기하는 점 미리 양해 부탁드린다.

여성의 나이 자체가 문제 된다는 것보다, 일반적으로 군복무 기간이 있는 남성의 연령대가 높은 게 사실이다. 영상에서 언급한 33세라는 기준은 나의 개인적인 경험에 근거해서 내가 만난 지원자들의 연령대로 설명한 것이다.

즉, 일반적으로 33세 정도의 여성 지원자를 면접에서 본 일이 많지 않다. 서류나 직무적성검사에서 떨어졌을 수도 있고, 아예 지원 자체를 안 했을 수도 있다. 기업의 통계를 볼 수 없어 정확한 지원률까지 이야기할 수는 없지만, 이야기하고 싶은 분명한 팩트는 이거다.

2018년에 처음 취업 컨설팅 사업을 시작하고, 곧바로 만난 사람이 36세의 무스펙 여성 지원자였다. 해외파 학력을 가지고 있음에도 불구하고 여러 관심사와 진로의 불확실성으로 인해 시간을 보냈고, 나와 비슷한 나이로 코칭을 요청했다. 나는 그 친구에게 맞는 직업군과 산업에 대해 함께 고민했고, 정리한 필살기로 수차례 지원한 끝에 2개월 만에 본인이 원하는 직장에 취업할 수 있었다.

솔직히 내가 36세까지 뽑아본 경우는 남성이었고, 이 분의 준비도도

낮아 반신반의 했지만, 이내 취업하는 모습을 보면서 '앞의 영상에서 소개한 내용이 여성에게는 적용이 안 되는가?'라고 생각하지 않게 되었다.

하지만 그렇다고 해서 모든 여성에게 길이 열려 있다고도 말할 수 없는 게 현실이다. 결국 중요한 것은 필살기의 준비 여부니, 이미 먹어버린 나이 때문에 침체되지 말자. 되돌릴 수 없는 건 과감하게 잊어버려야 정신 건강에 좋다.

[Youtube 댓글 질문] 윤준영, 김지훈

Q 초대졸도 똑같이 적용되나요?

A 이 경우는 직무 특성에 따라 조금 다르다. 앞선 영상에서 언급한 내용은 대졸 사무직 기준으로 설명한 것이기에, 조금 차이가 있을 수 있다. 초대졸과 고졸 채용의 경우, 기술에 재능이 있거나 오퍼레이팅 업무 즉 기계나 장비 등을 운영하는 전문직에 최적화된 인재를 선발하는 경우가 많다. 그래서 일반적으로는 30대가 되면 이미 조직 내에서 팀장급의 역할을 맡게 된다. 사무직과는 달리 경험이 중요하기 때문에, 신입으로 지원하기에는 적절하지 않을 수 있다는 생각이 든다.

다만 초대졸 출신의 사무직인 경우에는 동일하게 봐도 문제가 없을 것 같다. 이 경우에는 일반 사무직에게 핵심적으로 필요한 필살기를 정리하는 과정이 필요하다.

Q 공기업이 좀 더 나이에 관대한 것 같은데 맞나요?

A 팩트만 보면 그렇다. 블라인드 채용을 도입했기 때문에 나이 자체에 대한 사전 필터링이 이루어지지 않는 점과 NCS와 같은 시험이 메인 검증 절차인 만큼, 고시처럼 준비하는 지원자들이 많아서 재수 및 삼수가 일반화된 곳이 공기업이다. 그래서 나이에 대해 관대하다는 표현보다는, 전형의 특성 때문에 결과적으로 나타나는 현상이라고 해석하는 것이 적절할 것 같다.

다만 공기업형 인재와 일반기업형 인재가 조금 다르다는 점을 말하고 싶다. 공기업은 경쟁체제가 아니라 대부분 독점체제로, 법률에서 정한 역할을 잘 감당하는 게 조직의 목적이다. 일종의 공무원과 유사한 기능이라고 해도 과언이 아니다. 이에 비해 일반기업은 자유 시장 경쟁체제, 좀 더 직설적으로는 무한 경쟁체제인 시장에서 살아남아야 하는 필연적 숙명을 가지고 있다.

정유, 통신, 담배와 같은 일부 산업군에서는 정부의 보호를 받아 독점적 지위를 누리는 경우도 있지만, 대부분의 기업은 그렇지 않다. 이런 일반 기업들은 조직의 경쟁력을 높이기 위해 채용을 한다. 경쟁력 있는 사람을 채용해서 그들의 집합인 조직 전체가 성장하도록 만드는 것이다. 여기서 결론적으로 하고 싶은 말이 무엇일까? 이제는 여러분도 지긋지긋하지 않은가? 바로 필살기가 필요하다는 점이다.

직업윤리가 왜 중요하다고 생각하나요?

직업윤리를 묻는 질문은 보통 공기업 또는 제조업, 건설사, 무역회사 등 담당자가 맡는 영역이 크거나, 시장에서 독점인 기업의 경우에 많이 한다. 담당자의 의사결정, 소통방법에 따라 산업 전체에 미치는 영향력이 크고, 비리 등의 문제가 발생할 수 있기 때문이다. 이로 인해 직업윤리를 질문함으로써 점검한다.

직업윤리, 정직

정직은 분석력, 의사소통력, 문제해결능력 등과 같은 모든 역량의 상위에 존재한다. 정직은 원칙을 얼마나 이해하며, 원칙을 고수하기 위해 어떤 활동을 할 수 있는가와 관련돼 있다. 이를 인지하면, 직업윤리 질문의 답변 포인트를 쉽게 정리할 수 있다.

윤리 이슈를 답변할 때, 아무리 원칙 중심이고 정직한 사람임을 강조해봤자 믿어주지 않는다. 정직에 대한 가치가 정말 있는 사람이라면, 작더라도 **법과 원칙을 지키느라 손해 본 경험**을 제시하라. 대표적인 경우는 돈, 시간 등의 자원을 잃은 경험일 것이다. 사소한 경우, 신호

관련 영상 : 면접관이 밝히는 "직업윤리가 왜 중요하다고 생각해요?"
질문의도! (이 심오한 질문은 뭐야...)

등 지키려다 지각해서 불이익을 얻은 경험을 제시할 수도 있다. 이는 법, 원칙에 대한 정직성을 지키기 위해 무엇을 포기한 경험이다.

만약 이런 경험이 없다면, 정직의 이슈로 어려움에 처한 사례를 조사해보자. 지원하는 기업의 사례는 가급적 안 하는 게 좋다. 지원하는 산업 분야에서 발생했던 큰 사건을 조사하여 제시해보자. 불법적인 요소로 인해 산업과 회사가 타격을 입은 경우를 통해 정직의 중요성을 깨달았음을 어필해보라. 정직의 중요성을 아는 것만으로도 의미가 있다. 그런 사람은 불법의 선을 넘기가 어렵기 때문이다.

이때 중요한 마무리 포인트가 있다. 남의 사례를 얘기하면서 나의 유사경험을 찾아 연결시켜야 한다. 비슷한 경험에서 조직이 타격을 입는 경우를 보았고, 이를 통해 정직의 중요성을 확실히 깨달았음을 어필하는 것이다.

남의 사례를 어필할 때의 포인트로, 가장 먼저 사건의 배경을 정리해야 한다. 사건을 조사해보니 이런 원인이 있기에 부정부패까지 연결된 것 같다, 만약 입사한다면 이 부분을 주의하여 바로 잡겠다는 걸 정리해서 어필해보자. 이는 입사 후 포부까지 연결된다.

핵심 Point!

독점적 지위를 가진 회사일수록 "정직"을 중요시한다. 지원 직무의 특성, 산업군, 회사를 미리 조사해보자. 그리고 위에서 설명한 답변 방법으로 준비해보자.

우리 회사에 대해 아는 대로 다 말해보세요.

"우리 회사에 대해 아는 대로 말해보시오."라는 질문을 묻는 이유와 답변 포인트에 대해 알아보자.

회사 관련 지식을 묻는 이유

첫째, 회사에 대한 로열티를 검증하기 위함이다. 실제 면접을 보다 보면, 회사에 관심 있는 사람이 아닌데 열심과 관심을 주장하는 사람이 있다. 그때 우리 회사에 대해 얼마나 잘 알고 있는지에 대한 질문으로 진실성을 확인했다.

둘째, 면접자의 시장 정보 수집력을 확인한다. 산업에 대한 지식수준과, 자사에 대한 이해도를 검증한다. 이를 통해서도 로열티를 검증할 수 있다.

셋째, 개떡 같은 질문에도 찰떡같이 답하는 사람을 찾기 위해서이다. 드물지만 그런 면접관들이 가끔 있다. 스마트하지 않은 질문에 스마트하게 답변하는 지원자를 보면, 답변 내용과 상관없이 긍정적인 점수를 주기도 한다.

개떡 같은 질문에도 찰떡같이 답변하는 방법이 무엇일까? 여태껏 누누이 강조해 온 '필살기'이다. 필살기를 정리하면, 어떤 질문이 와도 필살기로 답변 가능하다.

그렇지만 가장 중요한 건 회사에 대한 로열티를 검증하는 것이다. 대부분 잘 알려지지 않고 정보가 베일에 싸인 기업이 이런 질문을 많이 한다. 보통 중견, 중소기업들이다.

면접 보기 전에 회사를 조사하고, 조사한 내용을 잘 표현하는 게 중요하다. 이는 미리 작성한 지원동기와 입사 후 포부만 잘 연결시키면 충분히 답변 가능하다. 지원동기와 입사 후 포부를 작성하는 최고의 방법은, '현직자 인터뷰'이다. 스타트업, 중견 / 중소기업이라도 무조건 가서 현직자를 인터뷰해보자!

관련 영상 : 면접관이 밝힌다!
우리 회사에 대해 아는 대로 말해보시오! 왜 묻는거야?

답변 준비 방법

답변을 준비하는 프로세스를 알아보자.

첫째, 홈페이지 또는 신문기사 등의 오픈된 정보는 기본적으로 숙지하자. 이를 숙지하지 않은 상태로 면접에 가는 건 불합격하는 지름길이다. 기업의 공식적인 내용은 무조건 확인하자.

둘째, 가능한 현직자 인터뷰를 많이 하자. 한 기업당 최소 5명에서 최대 10명까지 조사한 뒤, 공통적인 내용으로 지원동기와 입사 후 포부를 작성하면 된다. 이를 묶어 필살기와 함께 답변하는 것이다.

현직자 인터뷰는 나의 관심도와 기업의 경쟁력이 무엇인지에 대해, 단순 조사한 내용이 아니라 현직자의 언어를 파악할 수 있기에 강력한 필살기가 될 수 있다. 이 내용을 나름대로 해석하여 제시하면 된다.

셋째, 답변의 마무리로 해당 기업의 신사업 계획, 회사만의 경쟁력을 정리해서 어필하자. 기왕이면 회사에 대해 아는 것이 회사가 중요하게 추구하고 있는 사업이면 얼마나 좋겠는가? 회사에 대한 기본적인 내용보다는, 건설적이고 희망적인 내용에 집중해서 표현하자.

 핵심 Point !

현직자 인터뷰도 필살기가 된다. 무조건 만나자!

스트레스는 어떻게 풀어요?

스트레스 해소법을 묻는 이유

스트레스 내성이 약해서 근무 환경에 잘 적응하지 못할 것 같은 경우, 면접관은 이 질문을 던진다. 보통 근무환경이 어렵거나 근무 강도가 높아 퇴직률이 높은 회사에서 이 질문을 많이 한다. 그렇다고 해서 부정적으로 생각하면 안 된다. 근무 강도라는 것 자체가 상대적이다.

또 다른 이유는, 면접자의 취미활동이 궁금해서다. 면접관은 지원자를 종합적으로 이해하길 원한다. 사실 이는 취미활동 등의 시간 사용을 파악하기 위함이다. 그런데 요즘 청년들은 대부분 취미활동이랄 게 없다. 유튜브 TV, 또는 넷플릭스 시청 등이 다 인 것 같다. 이처럼 정확한 답변이 안 되기에 돌려서 스트레스 해소법을 질문하는 것이다.

이를 한 단계 더 들어가서 해석하면, 회사 업무에 몰입할 수 있는 사람인지를 확인하기 위함이다. 업무에 지장을 줄 정도로 과도한 취미활동을 한다면 문제가 된다.

마지막으로 그냥 어떤 사람인지 궁금해서이다. 보통 도입 질문에 이런 질문을 많이 한다. 심지어 다음 질문을 위해 시간을 벌어야 할 때,

---

관련 영상 : 면접관이 밝히는
"스트레스 어떻게 풀어요?" 질문의도! (feat. 이 질문이 스트레스야..)

간혹 이런 질문을 던지기도 한다. 그러니 너무 복잡하게 생각하지 말고 답변하자.

답변하는 방법

간결하게 답변 가능한 몇 가지 포인트가 있다. 가장 먼저, 도박과 같은 사행성 및 주식같이 중독성 있는 취미활동은 절대 언급하지 말자. 입사 후에도 그런 활동에 빠져 업무에 집중하지 못할 사람으로 보인다. 또 많은 시간과 돈을 들여야 하는 활동도 피하자. 너무 많은 에너지가 드는 활동의 경우, 업무 몰입도에 영향을 주기에 그런 취미활동은 별로 선호하지 않는다.

독서 등의 무언가를 학습하는 활동으로 스트레스를 해소하는 법은 보편적이지만, 여전히 어필 가능한 방법이다. 즉, 스트레스를 푸는 활동으로 자신이 성장하는 것이다. 조금만 방향을 바꿔 직무로 연결시킬 수 있으면 더욱 좋다. 직무 전문성 향상과 동시에 회사 업무에 몰입할 수 있는 취미로 어필할 수 있다.

주의할 점은 독서 또는 사색을 어필할 때, 최근 감명깊게 읽은 책이나 사색을 통해 새롭게 깨달은 내용을 조리있게 설명할 수 있어야 한다. 면접관은 이 내용을 반드시 검증할 것이다.

면접관은 여러분의 모든 내용을 종합적으로 평가하기를 원한다. 물론 직무 역량이 가장 중요한 건 변함없다. 이후 인성적 요소, 성격적 부분에서 크리티컬한 결함이 없는지 주변 질문으로 확인하는 것이다. 그러니 편하게 답변하되, 절대 피해야 할 답변만 유의하자.

 핵심 Point!

중독성, 사행성, 너무 많은 돈과 시간 등의 에너지가 드는 스트레스 해소법은 지양하자. 성장 관점에서 스트레스를 해소하는 건강하고 좋은 방법을 제시하자!

우리 회사의 단점을 말해보세요.

장점도 대답하기 어려운데 단점을 묻는 이유는 무엇일까? 이에 열심히 답변하자니 너무 회사를 까는 것 같고, 대충 얘기하자니 분석력이 없어 보인다. 그러나 기억하자. 이는 전형적인 낚시성 질문이다. 즉, 너무 열심히 답변하면 안 된다. 최대한 회피하는 게 좋다.

 관련 영상 : 면접관이 밝힌다! "우리 회사 단점에 대해 말해보세요"
(이걸 물어서 날 당황시키는 게 단점..)

단점을 묻는 이유

이 질문도 면접관이 질문거리를 찾는 시간이 필요하거나, 회사에 대해 아무것도 모르는 사람인 것 같을 때 던진다. 기본적으로 회사에 대한 정보를 얼마나 알고 있는지를 검증하기 위함이다. 특히 컴플렉스가 있는 회사일 경우, 그럼에도 입사하기를 원하는 지 미리 확인받기 위해 질문하기도 한다.

어떻게 답변할까

첫째, 반드시 미괄식으로 얘기하자. 두괄식 답변을 강조해왔으나, 이 질문만은 예외다. 회사의 단점과 관련된 답변은 최대한 답을 회피하는 게 가장 좋다. 지원 회사의 단점을 콕 집어 제시하지 말고, 회사를 조사했던 방법 등의 배경을 먼저 설명하자. 최대한 시간을 끄는 것이다. 면접관이 중간에 답변을 끊어도 상관없다.

둘째, 디테일한 촌철살인의 단점 피드백은 금물이다. 여기서는 분석력을 발휘할 필요가 전혀 없다. 특히 회사의 컴플렉스를 건드리기 시작하면 답이 없다. 회사의 문제를 해결하려는 사람보다 욕하는 사람이 더욱 많은 게 당연하다. 회사는 문제를 해결하는 사람을 뽑고 싶어 한다. 그러니 이 질문을 대처하는 여러분의 자세는, 이러한 단점을 발견했지만 이렇게 해결하고 싶다는 태도이다. 단점에 대한 답변을 최대한 미루자. 회사의 장점을 먼저 제시한 뒤에 약간 아쉬운 부분을 두루뭉술하게 말하는 게 최고의 답변이다.

셋째, 신사업 분야 또는 성장분야를 다루는 게 좋다. 신사업 또는 한창 성장 중인 분야는 부족한 부분이 있기 마련이다. 회사는 이를 통해 상승세로 가고 있지만, 이렇게 하면 더 좋을 것 같다고 어필할 수 있다. 무작정 회사의 단점을 얘기하면 마이너스 요소가 된다.

이 질문에서 굳이 나의 분석력, 다른 사람과의 차별점을 보여줄 필요가 없다. 그러한 역량은 필살기에서 보여주자.

 핵심 Point!

눈치만 있어도 밥 벌어먹고 산다. 단점은 명확하지 않게, 두루뭉술하게 답변하자!

3 임원면접 인성면접 어필법

도전형 vs. 꼼꼼형

"도전적으로 보이는 게 좋나요, 아니면 침착하게 말하는 게 좋을까요?" 많이 묻는 질문이다. 일반적으로 영업 등의 개척과 협상이 필요한 직무는 도전적이고 추진력 있게 보여야 한다고 생각한다. 또 재무회계, 관리, 경영지원 등의 직무는 침착하고 꼼꼼한 성격을 좋아한다고 생각한다. 그래서 실제 내가 그 렇지 않더라도 각 직무 성향에 맞게 보이려고 고민한다.

직무는 강점으로 성과 낸다

어떻게 보일까 고민할 필요가 전혀 없다. 본인의 성향대로 말하면 된다. 직무 성향을 따질 필요도 없다. 직무는 강점으로 성과 내는 것이지, 성향으로 일하는 게 아니다. 물론 강점과 성향이 비슷할 수 있고, 연결돼있을 확률이 높다. 그러나 그렇지 않은 경우도 굉장히 많기에, 전혀 크리티컬하지 않다.

관련 영상 : 면접관이 상세하게 밝힌다!
열정(도전형) vs. 꼼꼼 어떤걸 어필해야 좋은걸까?

여러분의 성향에 맞게 말하는 게 정답이다. 거짓으로 꾸민 모습은 면접관의 질문 몇 번에 쉽게 들통난다. 있는 그대로의 모습을 보여주는 게 핵심이다. 이는 여러분의 마인드셋에도 영향 주기에 매우 중요하다.

보이는 것에 대한 오해

이외에도 많이 하는 오해가 있다. 첫째는, 첫인상이 면접 결과를 좌우한다는 말이다. 면접관은 첫인상으로 사람을 판단할 수 없다는 사실을 알고 있다. 면접장에서 1시간 본 것과 실제 일하는 게 다르다는 걸 이미 경험해 봤고, 첫인상 때문에 수많은 어려움을 겪어봤다. 더 이상 속지 않는다.

그래서 스튜디오 가서 비싼 돈 주고 사진 찍을 필요가 없다. 물론 첫인상이 좋으면 나쁠 거야 없겠지만, 합격의 당락을 크게 좌우하지 않는다. 첫인상을 가장 좋게 하는 방법은, 여러분의 필살기를 던지는 것이다. 그 외에 다른 방법이 있다면 미소짓는 것이다. 입장할 때부터 웃으면서 들어가자. 외모와 이미지를 가장 중요하게 생각하는 직무가 아닌 이상, 굳이 신경 쓸 필요가 없다.

둘째는, 목소리 톤이 영향을 준다는 말이다. 사무직은 아나운서 채용하는 자리가 아니다. 목소리 톤이 면접 결과에 전혀 영향을 주지 않는다. 그러나 개미 또는 모기 목소리는 안된다. 잘 들리지 않아 내용 전달이 안 되기 때문이다. 이는 목소리 톤이 아닌 전달력 문제다. 즉, 목소리 톤보다 전달력에 중점을 두고 준비하자.

셋째가 가장 중요하다. 필살기 보유 여부이다. 필살기는 '지원 직무의 유사경험 + 거기에서 얻은 작은 성공 경험 + 이를 통해 얻게 된 통찰력(인사이트)'이다. 이 필살기를 근거로, 입사하면 이를 재생산하겠다고 어필하는 것이다. 필살기가 없는 건 크리티컬한 요소가 된다. 없다면 지금 짧더라도 만들자! 잊지 말자, 면접의 핵심은 필살기!

CHAPTER 4

조직은 팀으로 일한다

회사는 조직이다. 즉, 팀으로 일한다. 추진력이 중요한 직무를 영업이라고 하자. 그런데 영업팀에 전부 도전적이고 추진력 있는 사람만 모이면 어떤 일이 일어날까? 보통은 문제가 생긴다. '고객 관리 정보, 프로세스'를 놓칠 수도 있고, 맨날 싸움만 할 수도 있다. 회사는 이 점을 알고 있다. 때문에 각 사람의 성향에 맞게 팀을 꾸린다. 예전엔 영업이라는 한 가지 직무로 운영하다가 몇 년 전부터는 영업관리, 영업지원과같이 다른 역할의 직무가 늘어나는 것도 이와 무관하지 않다. 재무회계도 마찬가지다. 다 꼼꼼하고 조용한 사람만 있는 게 아니다. 사람들과 소통해서 기준을 잡아야 하는, 의사소통능력이 뛰어난 사람도 필요하다.

비즈니스에서 팀워크의 정의는 **강점의 결합**이다. 여러분이 어떤 성

향이든지 간에 걱정하지 말고, 자신의 경험을 토대로 직무상 강점을
어필하자!

 핵심 Point!

쓸데없는 걱정에 힘쓰지 말고, 필살기를 만들자!

강약점 vs. 장단점

강점과 장점 / 약점과 단점, 비슷하면서도 헷갈리는 말이다. 함께 정
리해보자.

강점 vs. 장점

면접관은 강점과 장점 중, 어느 것에 더 관심 있어 할까? 강점이다.
채용의 기본 원리는 해당 직무와 산업에서 성과를 낼 만한 사람을 뽑
는 것이다. 때문에 성과를 내고 재생산할 수 있는 사람을 찾는다.

약점이 없는 사람 vs. 강점이 명확한 사람

약점이 없는데, 딱히 두드러진 강점도 없는 사람을 과연 뽑을까? 그
럼에도 많은 이들이 2차(인성) 면접에서 약점 없는 사람으로 보이려

노력한다. 잘못된 관점이다. **강점이 명확한 사람**이 돼야 한다.

강점이 있으면 당연히 약점도 있기 마련이다. 면접관들도 이 사실을 잘 알고 있다. 만약 면접관이 약점을 물어보면 어떻게 답해야 할까? 당신의 약점은 다른 강점이 있는 사람과의 팀워크를 통해서 충분히 보완할 수 있다. 여러 사람이 모인 회사라는 조직의 특성이 그렇다. 여러 강점의 조합으로 팀을 꾸리고, 공동의 목표를 달성하기 위해 전진한다.

경영에 대해 공부하려면 기본적으로 직무(일), 조직(관계), 사람, 전략을 공부하라고 하고 싶다. 직무(일)는 강점과 연결되고, 여기서 발생하는 약점을 조직(관계)에서 보완한다.

강점 vs 장점 / 약점 vs 단점

강약점은 직무상의 능력과 연결돼있다. 장단점은 성격적인 부분이다. 이를 좀 더 구조화해보자.

강점이 있으면 그 강점의 배경이 되는 성격상의 장점이 있다. 예를 들어 강점이 분석력인 사람의 장점은 꼼꼼함, 치밀함 등이 된다. 이런 성격이 분석을 잘할 수 있는 배경이 된다. 만약 강점이 협상력이라면, 사교성이 장점이다. 이러한 구조가 강점과 장점의 로지컬한 연결에 해

관련 영상 : 면접관이 말하는 강약점과 장단점의 차이!
(대체 뭐가 다른 거냐고? 일단 클릭해봐~)

당한다.

강점과 장점, 즉 능력적 특성과 성격적 특성은 반드시 연결된다. 반대로 생각해보자. 약점의 배경이 되는 성격적 특성도 반드시 있다. 이것도 약점과 단점으로 로지컬하게 연결 가능하다.

약점을 묻는 질문에 대답한 이후, 면접관이 "그러면 직무를 수행하는데 어렵겠네요?"라고 압박 질문할 수 있다. 그때는 "저는 이런 약점이 있지만 그보다 더 중요한 이런 강점이 있습니다. 그리고 면접관님께서 우려하시는 상황에서, 저의 약점을 팀워크로 극복한 이런 사례가 있습니다."라고 유사경험, 성공 경험을 활용해 대답하면 된다. 즉, 필살기만 잘 정리하면 약점을 묻는 질문도 해결할 수 있다. 즉, 약점과 단점보다는 강점과 장점에 집중하자.

임원이 바라는 회사 내 대인관계

조직은 사람과 연결된 곳이기에 대인관계가 매우 중요하다. 또 사업의 구조 자체가 사람들에게 동기부여를 주고, 그들의 마음을 얻는 메커니즘이다. 즉, 대인관계가 탁월하면 비즈니스에 잘 맞을 확률이 높다. 특히 영업과 인사 직무라면 더욱 중요한 강점이다. 대인관계 강점을 증명할 수 있는 마인드셋과 경험이 있다.

대인관계가 좋은 사람의 특징

보통 대인관계에 탁월한 사람을 주변 친구가 많고, 핸드폰에 수많은 번호가 저장되어 있는 사람이라 생각하는 데 아니다. 비즈니스에서의 대인관계 강점을 알아보자.

첫째, 타인의 강점을 찾아준다. 영업과 인사는 사람과의 소통, 배치, 이해관계를 통해 성과 내는 직무이다. 어떤 사람이 일을 잘하는지, 이 사람은 어떤 구조와 환경에서 일을 잘하는지 등이 강점을 찾아주는 능력이다. 비즈니스에서 대인관계 강점은, 사람의 강점을 보는 안목이 있는가, 이런 일에는 어떤 사람이 잘 맞는가를 경험적으로 알고 있는 경우이다.

아르바이트, 인턴, 대외활동을 할 때 함께 일하는 사람들을 계속 관찰해라. 그 사람들의 강점, 보완점, 발전 방향에 대해 피드백하는 걸 연습하자. 그러다 어떤 사람에게 직무를 추천해 줬는데 그 직무에 지원해서 합격했다면, 여러분의 사람 보는 통찰력을 증명하게 된다. 이런 작은 활동이 차곡차곡 쌓이면 대인관계 강점을 설명하는 중요한 포인트가 된다. 즉, 약점이 아닌 강점을 찾아내고 피드백해주는

관련 영상 : 면접관이 알려주는,
대인관계에서의 강점 어필법! 근거를 제시하자!

사람이다.

둘째, 평소 도움을 많이 준 경우다. 비즈니스 관계는 Give and Take 이다. 그래서 비즈니스에서 내가 도움을 준 경우가 많아야 한다. 도움 주는 게 습관화되면 가장 좋다. 받기만 했던 사람은 정작 도움이 필요할 때 요청하기가 힘들다. 그래서 여러분의 대인관계 강점을 어필하는 방법은, 내가 많이 도와주는 사람임을 어필하는 것이다. 이런 상황에서 어떻게 도와줬고 그래서 지금까지 관계를 유지 중이라는 걸 설명하자.

비즈니스에서는 오랫동안 함께 했고 평소 많이 도와줬기에, 요청할 때 도와줄 수 있는 관계가 정말 중요하다. 협력관계에 있다면 먼저 밥과 커피를 사주는 등의 후하게 베풀어보라. 결정적일 때 도움받을 수 있는 관계가 된다. 이러한 사례를 제시해 탁월한 대인관계를 증명해보자.

셋째, 마음을 얻어 성과를 낸 경험이다. 평소에는 연락도 안하다가 갑자기 연락하는 사람이 있다. 갑자기 관계해야 될 경우가 생기기 때문이다. 그때 관계를 단기적으로 이용하거나 Give and Take로만 생각하지 않고, 상대의 마음을 얻어서 문제를 해결한 사례를 얘기해보자. 보통 이런 사례는 일반적이지 않기에, 성공 경험으로 어필할 수 있다. 상대방의 마음을 얻는 지속적인 의사소통 및 열정과 집요함으로 감화감동된 경우가 가장 좋다. 그런 요소를 찾아서 나의 대인관계의 탁월함을 증명하는 사례로 활용해보자.

 핵심 Point!

나를 발견하는 게 취업의 지름길이다!

[Youtube 댓글 질문] 들판

Q 사람 만나는 일 자체가 힘들다면 대인관계 기술을 계발하는 방법이 있을까요?

A   사람 만나는 일이 힘든데, 왜 사람 만나는 일을 직업으로 가지려고 하는지부터 피드백해봐야 한다. 취업의 우선순위 1번이 직무라고 했다. 이 직무가 먼저 정리가 되지 않으면, 아무리 노력해도 의미가 없다. 보통은 여기에 강점이 있는 사람들은 뭔가 기술을 개발하지 않는다. 이미 탁월하기 때문이다.

그럼에도 불구하고 대인관계 기술을 개발하는 방법을 하나 제안하고 싶다. 인사책임자로서 수년간 경력이 있는 나도 사실 사람들과 관계 맺는 것이 매우 어렵고 불편했다. 그런데 좋은 관계를 맺는 관계를 분석해 보고 얻은 결론이 있다. 상대방이 원하는 바를 찾아서 먼저 해결해줘라. 대인관계 기술이라고 한다면 이것 딱 하나인 듯하다. '내가 받고 싶은 대접을 먼저 해주는 것', 서구권에서는 이 원칙을 협상의 원리 혹은 황금률이라고 부른다.

비즈니스에서 경험하는 대인관계를 술먹고 밥 같이 먹고 잘 웃으면서 대화하는 등의 추상적인 것으로 치부하지 말자. 비즈니스는 그런 좋은 관계 속에 있다가도, 이해관계로 차갑고 공격적인 협상을 해야 할 때가 온다. 또, 그런 관계 속에 있다가도 문제를 해결해야 할 때가 온다. 그때는 도와줘라. 내가 할 수 있는 것을 하면 된다.

피터 드러커는 좋은 인간관계의 원칙을 공헌에 집중하는 것이라고 했다. 위의 내용과 일맥상통하는 내용이다. 조직의 공동 목표에 집중해라. 그것을 달성하기에 상대방이 뭔가 어려워하는 부분이 있다면 그것을 함께 고민해주자. 그것이 고객일 수도 있고, 인접부서 혹은 동료일 수도 있다. 항상 성공원리는 심플한 법이다.

Q 대인관계에서 부탁을 하는 게 너무 어렵습니다. 작은 부탁이라도요. 어떻게 개선해야 할까요?

A 이 질문에서 2가지 주제를 꼭 이야기하고 싶다. 부탁을 '하는' 사람이 되기보다, 부탁을 '받는' 사람이 되면 좋겠다. 다른 이의 부탁을 많이 받고, 많이 도움을 줬다면 내가 하는 부탁은 사실 전혀 어려운 것이 아니다. 내가 평소 너무 착해 빠져서 남의 부탁만 받고 나의 부탁은 안 들어준다면, 그 상대방이 여우 같은 것이다. 가능할 때 부탁을 받고, 편하게 도와주자. 세상은 참 공평해서 Give and Take인 경우가 많다.

두 번째 주제는 바로 '공헌'이다. 대인관계에서 가장 중요한 핵심을 꼽으라면 '공헌'이다. 조직에 기여하기 위해서 절대 놓쳐서는 안 되는 관점이 바로 공헌인데, 공헌하기 위해서 부탁을 하는 것은 괜찮다. 당연히 요구해야 하는 것이라는 인식을 가져야 한다. '공헌'이란 무엇인가? 나 개인이 아니라 조직 전체에 유익을 주기 위한 것이다. 관점을 거기에 맞추고, 나의 마인드셋을 바꿔야 한다. 작은 부탁은 하지 말자. 굳이 아쉬운 소리를 할 게 뭐가 있는가? 정말 부탁해야 할 것만 부탁하자.

평소에 이타적인 삶을 살기 위해 노력하는 것이 핵심이다. 그것이면 당당해져도 된다. 이타적인 삶은 보통은 손해를 동반한다. 작은 것에 손해를 보기 시작하면, 큰 것에서 이익을 얻는 경우가 많다. 세상의 성공원리를 무시하지 말고 소탐대실 하지 말자.

주인정신 vs. 책임의식

일반적으로 주인정신이 있으면 책임의식이 뒤따른다. 그러나 분명한 차이가 있다.

주인정신과 책임의식의 차이

주인은 말 그대로 자기 일로 인식하는 사람이다. 책임의식은 맡은 일을 완수해내는 것이다. 즉, 책임의식이 있는 사람은 주인과 다른 형태로 일할 수 있다.

주인은 새로운 일을 창출한다. 업무를 내 일로 인식하기에 누가 시키지 않아도 생산성을 높이고, 의미 있게 만들 방법을 고민한다. 이런 사람이 대부분 CEO, 회장으로 성장한다.

주인정신과 책임의식 모두 중요하다. 다만 리더에게는 주인정신이 중요하다. 주인정신이 있어야 일의 완수가 아닌 본질을 고민한다. 즉, 업무를 끊임없이 재정의하고 새로운 걸 창출해낸다. 당연히 생산성이 점점 올라가고, 사람들의 만족도가 높아진다. 주인정신에 대한 답변으로 누가 시키지 않았지만 자발적으로 일한 경험을 적어보자.

책임의식은 맡은 바 일을 완수하는 것이다. 여기에는 여러 가지 동기가 있을 수 있다. 돈, 개인의 명성, 반드시 끝맺어야 하는 성향 등의 여러 동기로 일을 끝까지 해낸다.

그래서 책임의식이 있으면 상황과 환경이 어떠하든지 맡은 일을 끝까지 완수해낸다. 이는 굉장히 중요한 가치이다. 중요성을 떠나 맡은 일을 끝까지 완수한 경험을 적어보자. 거기에서 성과를 냈다면 가장 좋다. 성과로 연결되지 않은 경험도 좋은 경험이지만, 그 경험이 쌓이면 성과가 나게 돼있다.

 핵심 Point!

주인정신과 책임의식, 두 가지 개념을 헷갈리지 말고 이에 해당하는 경험을 찾아보자.

임원이 바라는 이공계

면접관이 바라는 이공계의 모습은 무엇일까? 이를 '기술이 중요한 직무도 굳이 경영을 배워야 하나요?'에 대해 답변하며 설명하려 한다. 안 배울 이유는 무엇인지 생각해보자. 기술을 연구하는 것과 경영을 배우

 관련 영상 : 면접관이 상세하게 밝힌다!
주인정신과 책임의식을 물어보는 이유, 대체 뭐가 다른걸까?

는 것 중 커리어에 도움이 되는 건 무엇일까?

경영을 공부하자

모든 조직은 피라미드로 구성된다. 피라미드의 중간 레벨, 즉 허리급까지는 기술로서 승부 본다. 그 이상에 올라가면 경영이 필요하다. 이를 위해 여러분이 학습해야 하는 4가지 요소가 있다. 직무의 특성(일), 조직, 사람, 전략이다.

입사하면 먼저 일과 조직을 배워야 한다. 그래야 팀장급까지 성장한다. 팀장 이상은 사람 없이는 성과를 낼 수 없는 레벨이다. 피라미드 조직이기 때문이다. 위로 올라갈수록 상사는 적어지고, 이끌어야 할 사람은 많아진다. 그래서 사람에 대한 이해가 필요하다. 전략은 가장 높은 단계로, 모든 자원을 동원하여 어떤 성과를 낼 것인가를 책임지는 부분이다. 상황에 따라 사람, 조직, 일(직무)을 통해 전략을 달성해낸다.

성장하는 커리어를 위해 앞의 4가지 요소를 반드시 공부하자. 취준생 때부터 커리어 준비의 관점에서 이를 학습하면, 취업 준비가 더욱 쉬워진다. 경영의 학습은 여러분을 더욱 높은 레벨로 성장하게 만든다.

경영을 아는 이공계

엔지니어, 디자이너, 개발자에 속하는 사람도 경영을 배워야할까? 여러분이 기술, 디자인 등을 연구하는 궁극적인 목적은 사업이다. 결국, 고객의 니즈를 발견하고, 이를 해결하는 게 최종 목적이다. 이것의 집합체가 경영이다.

때문에 '경영 관점에서 고객을 위한 어떤 디자인을 해야 할까?', '나의 기술개발과 연구가 경영 관점에서 어디에 해당하는가?' 등과 관련한 감각을 키워야 한다. 또 조직에서 해당 기술을 어떻게 소통하며, 어떻게 전략화시킬지 등 모든 것이 경영과 연결돼있다.

즉, 기술 자체가 목적이 아니다. 기술을 활용해 사업하는 게 목적이다. 때문에 경영 감각은 필수적으로 요구된다. 미래의 여러분도 기술자를 데리고 사업하는 CEO 또는 CO로 성장해야 하지 않겠는가?

어떻게 공부하는가

경영은 하루아침에 배울 수 없다. 그래서 CEO야말로 직장에서 가장 희소한 자원이다. 1번에서 제시한 4가지 요소의 습득을 넘어 생활화까지 된 사람이어야 한다. 더불어 우리 회사, 투자자, 그룹 총수의 관점

관련 영상 : 임원면접관이 바라는 이공계가 있다고?
난 엔지니어(개발자/기술직)인데, 경영은 왜 또...

과 비슷한 관점을 가져야 하는 등의 조건이 많다. 그러다 보니 경영 관점을 가진 엔지니어, 디자이너, 개발자들을 상위 레벨로 세우는 것이다.

물론 기술 또는 개발만으로 성장하는 사람도 있다. 그러나 이들은 소수다. 많은 경우, 경영 공부를 하는 동시에 커리어를 만들어 간다. 사실 자세히 보면 기술, 개발만으로 성장하는 사람도 시대와 경영의 흐름을 대부분 이해한다. 시대와 경영을 앞서는 관점에서 기술을 제안하고 구현해낸다.

다만 신입의 경우라면, 경영 관점부터 어필하는 건 지양하자. 신입과 같은 피라미드의 중간 이하층은 기술이 더욱 중요하다. 기술을 필살기로 어필하지만, 입사 후 포부나 장래의 꿈 등에서 향후 이런 기술을 기반으로 경영까지 도전하고 싶다고 설명하자.

3 인성면접 시뮬레이션

자 이제 인성면접을 준비하는 시뮬레이션을 해보자. M 질문 6세트를 준비해 봤다. 인성 질문에 대한 준비에서 기억하면 좋은 것은, 인성 질문에 대해 필살기로 답변하는 전략이다. 모든 질문에 대해 나의 생각과 느낌보다는 관점과 예시로 답변하는 것이 좋다. 여기서 관점은 나의 기준, 예시는 필살기 경험이다. 어떻게든 필살기 경험으로 돌아가는 것이 우리의 전략이다. '함께 일하기 어려운 사람은 어떤 유형인가요?'라는 명확한 M 질문도 K(필살기)로 답변하는 것이 우리에게 유익하다. 그래야 필살기 필드 위에서 면접을 마칠 수 있다. 면접 복기록을 통해 예시를 하나 보도록 하자.

대부분 많은 지원자가 힘들었던 경험을 묻는 질문에 직무, 산업, 직장과 연관이 없고 개인적으로 힘들었던 경험을 답변한다. 그런 답변이 잘못된 건 아니지만 면접관으로서 당연히 따라오는 생각은 '회사에서 똑같은 환경이 오면 어떻게 하지?'라는 것이다. 아래 예시는 힘들었던 경험을 필살기를 만들면서 힘들었던 점을 제시했다. 필살기 이기 때문에 이미 극복한 방법도 있다. 이를 통해 지원자는 똑같은 상황에서도 힘들 수는 있지만 어떻게 해결해야 할 지 아는 지원자로 어필할 수 있다.

인성질문에서 필살기로 답변해서 흐름을 되찾은 케이스 복기록

M. 힘들었던 경험에 대해서 말해주세요.

신규 거래 건수 250% 성사까지 수차례의 거절이 있었습니다. 신규 고객사 유치를 위해 총 10개의 브랜드에 거래를 제안했으나 처음 3곳의 브랜드에게서 모두 거절을 당했습니다. 원인을 분석한 결과, 고객사가 원하는 정보를 사전에 제시하지 않은, 저의 배려가 부족했던 것이 원인이었습니다.

M. 똑같은 상황이 온다면 어떻게 하시겠어요?

그 당시 고객사가 가장 궁금해했던 "제품 설명서"에 관한 내용을 중심으로 회사 소개서를 작성했습니다. 구매력을 강조하기 위해서 매장의 수, 보유한 브랜드의 종류, 그리고 성공 사례를 제시했습니다. 또한 거래 제안 메일을 보낼 때는 해당 브랜들의 제품이 이스라엘 시장에서 가지는 경쟁력을 중심으로 거래를 설득했습니다. 이를 통해, 해외영업 직무에서 고객사를 상대할 때, 작은 서류 하나에서도 상대방을 배려할 수 있는 요소가 필수적으로 포함되어야 한다는 것을 깨달았습니다.

　M 질문이라는 것이 결국에는 특정 경험에 대한 배경 혹은 생각을 묻는 질문이기 때문에 필살기의 토대 위에서 답변하는 연습을 하는 것이 중요하다. 자 그러면, M 질문 세트로 셀프 연습을 해보도록 하자. 사용방법은 K 질문 세트와 같다.

4 면접 시뮬레이션

인성 검증 질문리스트 (Mind)

Q M1. 함께 일하기 가장 어려운 사람은 누구인가요?

질문의도

입사 후 일하기 힘든 사람을 만났을 때 어떻게 극복할 것인지 묻는 질문이 아닙니다. 함께 일할 팀원에게 맞출 마인드가 준비되었는지 확인하기 위한 질문입니다!

답변 가이드

다른 사람에게 잘 맞추는 사람임을 어필해주세요. 어떤 유형의 사람과는 함께 일할 수 없다는 답변이 아닌, '잘 맞추는' 팀워크의 경험을 어필할 수 있는 사례 또는 관련된 경험으로 답변해봅시다.

답변을 작성해 보세요

예상 꼬리질문

M1-1입사해서 똑같은 사람이 상사면 어떡하죠?
(면접관의 속마음) 고집쟁이는 아닐까?

답변을 작성해 보세요

Q M2. 살면서 가장 힘들었던 경험은 무엇인가요?

질문의도

단순히 개인사를 묻는 질문이 아닙니다. 목표를 달성하고, 직무를 잘 수행할 수 있는 지에 대해 검증하기 위한 질문입니다.

답변 가이드

힘든 경험에 대해 질문이 들어올 때, 필살기와 관련된 경험으로 목표 달성을 하면서 힘들었고 아쉬웠던 경험을 어필해봅시다. 이 과정에서 느꼈던 점들과 어떻게 극복했었는지 전달하셨다면 목표달성에 대한 검증은 마쳤다고 보실 수 있을거에요!

답변을 작성해 보세요

예상 꼬리질문

M2-1똑같은 상황이 온다면 어떻게 하시겠어요?
(면접관의 속마음) 극복했던 사례가 없다면 입사해도 또 힘들지 않을까?

답변을 작성해 보세요

Q M3. 본인의 단점이 뭐라고 생각하시나요?

질문의도

면접관은 단점이 없는 사람은 없다는 것을 압니다. 자신의 단점을 객관적인 시각으로 파악하고 있는지 알아보기 위한 질문입니다. 이를 통해 취약한 상황에 처했을 때 어떻게 극복해나갈 것인지에 대해 검증할 수 있습니다.

CHAPTER 4

답변 가이드

유리멘탈, 고집스러움을 피해주세요! 급변하는 비즈니스 환경에 치명적인 단점입니다. 두루뭉술한 단점 대신, 솔직하게 단점 하나를 인정하고 이를 극복했던 경험을 어필해주세요.

답변을 작성해 보세요

예상 꼬리질문

M3-1 진짜 단점 맞아요?
(면접관의 속마음) 진짜 단점이 따로 있을 것 같은데…?
M3-2 이런거 말고 진짜 단점 말해보세요.
(면접관의 속마음) 자신의 단점을 직면하고 극복한 경험이 있겠지?

답변을 작성해 보세요

Q M4. 주변에서 본인을 어떻게 생각하나요?

질문의도

타인이 보는 나는 가장 정확한 나 자신입니다. 지원자가 주장하는 것과 타인이 보는 것이 얼마나 일치하는지 확인할 수 있습니다.

답변 가이드

내 주장과 타인의 평가를 동일하게 답변하는 것은 너무나도 쉬운 일입니다. 주변에서 나를 그렇게 생각하는 이유와 그를 가능케 했던 성공 경험이 무엇인지 필살기로 답변해 보세요.

답변을 작성해 보세요

예상 꼬리질문

M4-1 주변에서 말하는 당신의 약점은 무엇인가요?
(면접관의 속마음) 자신의 약점에 대해서 알고는 있을까?

답변을 작성해 보세요

인성 검증 질문리스트 (Mind)

Q **M5. 회사 혹은 조직에서 가장 안좋았던 기억이 있다면 무엇인가요?**

질문의도

조직 내 융화가 잘되고 의사소통에 어려움이 없을지 확인하는 질문입니다.

답변 가이드

상사나 특정 인물간에 갈등은 언급하지 않는게 좋습니다. 목표나 방향성없이 흘러가는 일처리 방식이나 성장하지 못하는 문화 등을 답변해 주세요.

답변을 작성해 보세요

예상 꼬리질문

M5-1 최근에 성장하기 위해서 어떤 도전을 하셨나요?

답변을 작성해 보세요

Q M6. 일하면서 갈등이 있어서 힘들었던 점은 없었나요?

질문의도

목표를 달성하기 위해 겪은 팀원들간의 의사소통에서 겪은 문제는 무엇이며, 이를 어떻게 극복했는지 알아보기 위한 질문입니다. 조직과 팀으로 일하는 회사에서 지원자가 겪을 갈등상황을 어떻게 극복해나가는지 검증할 수 있습니다.

답변 가이드

갈등을 단순한 대인관계적 갈등이 아닌 팀의 목표달성을 위해 의견이 달랐던 놓쳤던 부분들이 무엇인지 답변해주세요. 서로 다른 의견들을 어떻게 조율하고 설득했는지 답변해주시면 더욱 좋습니다.

답변을 작성해 보세요

예상 꼬리질문

M6-1팀워크를 통해서 성과냈던 경험을 말해주세요.

답변을 작성해 보세요

CHAPTER 5

Chapter 5

지원동기 준비하기

　지원 동기는 판단하는 L 질문은 대개 면접의 합격을 좌우하는 내용이라기보다는 불합격시키는 용도로 사용된다. 예를 들어, 일도 잘 할 거 같고 (K 질문 통과), 관점도 좋은데(M 질문 통과), 우리 회사에 대해 전혀 모르거나, 다른 곳 떨어지면 오려고 보험 수준으로 지원하는 것 같을 때 주로 불합격 시키는 것이다. 스타트업이나 CEO의 철학에 따라 아주 드물지만 L 질문을 가장 중요하게 보는 경우가 있다. KML의 합격에 영향을 주는 비중을 정확히 나눌 수는 없지만, 굳이 나누자면 아래와 같다.

1. K 질문 – 필살기 검증(직무역량) ⇒ 50~70% 결정

2. M 질문 – 인성 검증(관점) ⇒ 20~30% 결정

3. L 질문 – 로열티 검증 ⇒ 10~20% 결정

각각의 요소에 대해 범위로 구간을 설명한 것은, 회사의 특징마다 다를 수 있기 때문이다. 하지만 분명한 것은 KML의 우선순위 검증 요소는 구분할 수 있고 지원 동기는 떨어트리는 요소로 작동된다는 것은 의심할 여지가 없다. 그래서 경력의 경우 지원 동기와 함께 반드시 검증하는 것이 퇴직 사유다. 퇴직 사유와 지원 동기는 동전의 양면처럼 같이 다닌다고 봐야 한다. 퇴직 사유와 지원 동기가 연결되는 것이 가장 좋고, 정확히 연결되지 않더라도 설명을 할 수 있어야 한다. 지원 동기부터 하나씩 알아보자.

1 지원동기

지원동기를 말하기 전에

지원동기와 입사 후 포부를 준비하기 전에 확실한 솔루션 한 가지를 제안한다. 바로 '현직자 인터뷰'이다. 아래 지원동기가 무엇인지 설명하면서 가장 좋은 솔루션은 '현직자 인터뷰'로 귀결됨을 볼 수 있을 것이다. 언제나 그렇듯이, 고수는 심플하지만 강력한 솔루션을 제안한다.

지원동기는 당신의 의도이다

지원동기를 통해 '입사하려는 당신의 의도가 무엇인가요?', '당신이 기대하는 바가 무엇인가요?', '입사를 통해서 어떤 걸 하고 싶은가요?' 등을 검증한다. 그런데 간혹 지원동기가 아닌 다른 것을 답변하는 경우가 있다. 반드시 의도에 맞는 답변을 하자.

이 부분을 효과적으로 표현하기 위해서, 먼저 '회사의 경쟁력'을 설명

관련 영상
면접관이 밝히는, 입사 지원동기 이렇게 찾아라!

하자. 연애를 생각하면 쉽다. 상대방이 좋은 이유가 '그냥 사람이라서'
라면 진정성을 느낄 수 없는 사랑이다. 인간은 모두 사람이지 않은가?
그 사람만의 숨결, 성격, 특정 모습 등이 좋아서 사랑한다는 게 합리적
이다. 즉, 해당 기업만이 보유한 경쟁력을 발견해야 한다. 당신이 굳이
이 기업에서 커리어를 쌓으려는 이유, 다른 수많은 회사 중에서 꼭 이
회사여야만 하는 이유를 설명해야 한다. 이것을 찾기 위해서 해야 하
는 게 '현직자 인터뷰'이다.

지원동기는 당신이 느끼는 인식이다

'회사에 대한 인식(관점, 느낌 등)'을 묻는 것이다. 앞에서 설명한 객
관성을 잘 포장하는 것이라고도 할 수 있는데, 가장 좋은 방법은 실제
근무 중인 직원들이 느끼는 만족감(EVP)을 조사해서 정리하는 것이
다. 직원들의 만족 포인트를 찾아서 그것을 누리고 싶다는 정도가 괜
찮을 것 같다. 회사마다 그 요소가 다른데 직원 할인, 칼퇴, 교육시스
템, 집에서 가까운 거리 등, 만족감의 포인트가 각기 다르다. 지원하는
회사의 이러한 요소를 찾아내자. 어떻게? **현직자를 만나면 모든 게 해
결된다.**

현직자 만나기를 통해 이 부분을 가장 객관적으로, 자연스럽게 정리
할 수 있다. 현직자 검증이 없으면 여기저기 떠도는 카더라 정보를 얘
기할 확률이 매우 높다. 면접관도 현직자다. 면접관이 공감할 만한 내

용을 찾아 회사에 대한 만족감을 '나의 인식'으로 말하는 것, 그래서 "이 회사에 지원했다."라고 해야 설득력이 있다.

지원동기는 입사 후 나의 기여와 역할이다

입사한 뒤 어떤 공헌을 할 것인가에 대한 질문이다. 앞서 취업 프로세스에서 '직무'를 선택하는 게 가장 중요하다고 말했다. 직무는 여러분의 강점과 연결돼있다. '그 강점을 통해 궁극적으로 무엇을 이루고자 하는가?', 이는 해당 조직에 소속되어 무언가에 기여하고 공헌하기 위한 목적이다.

회사는 여러분의 어떤 기여를 통해 함께 성장한다. 아무 이유 없이 월급 주려고 채용하는 회사는 전혀 없다. 때문에 여러분이 먼저 "제가 이 회사에서 이런 기여를 할 것입니다."라고 설명할 수 있다면 굉장히 좋은 포인트가 된다.

🏅 핵심 Point!

온라인 조사는 한계가 있다. '현직자 인터뷰'(200페이지)를 참고해서 도전해 보자. 한 번도 안 한 사람은 있을지라도 한 번만 해 본 사람은 없다!

Q 근거리, 칼퇴, 직원할인이 지원동기라고 말해도 되는건가요?

A   영상에서 예시로 든 내용이 오해를 불러일으킨 것 같다. 근거리, 칼퇴, 직원 할인이 우리에게 매우 중요한 지원동기가 될 수 있다. 회사도 그걸 모르는 게 아니고, 그걸 중요한 복지로 이야기한다. 우리가 접근하는 방식은 그 생각을 뛰어넘자는 것이다. 그래서 보통 지원동기로 가장 좋은 것을 꼽자면 경력개 발을 하기에 가장 좋은 환경이다. 지원하는 기업이 가진 기술력이나, 지식, 환 경, 시설, 투자 규모 등이 적절한 예이다. 이런 내용들은 인터넷으로도 볼 수 있지만, 현직자에게 들었을 때 진솔하고 현실적인 내용을 뽑아낼 수 있다.

   명심해야 할 기준이 있다. 나에게만 유익한 것인가? 나에게 유익한 것이 회사에도 유익한가? 이 2가지에서 균형을 찾아야 한다. 근거리, 칼퇴, 직 원 할인 등은 정확히 나에게만 유익한 것이다. 물론 개인의 삶이 잘 관리 되고 워라밸이 잡혀서 회사에 더 몰입할 수 있다고 항변할 수 있겠지만, 장담하는데 우리는 그럴 위인이 못 된다. 언젠가 워라밸을 제대로 다루고 싶은 마음이 있지만, 지금은 이해하기 쉽게 한 가지만 이야기하고 싶다.

   우리나라가 한창 성장할 70-80년대는 평균 14시간 넘게 일했다. 그때 는 하루 12시간 일하는 게 워라밸이었다. 2000년대 들면서 하루에 9-10 시간 정도 일하는 게 평균이 됐다. 이것이 너무 힘들어서 최근엔 하루 8시 간이 워라밸이다. 내가 장담하는데, 하루 5시간 일하고도 힘들어 죽겠다 고 항변하는 세대가 곧 나타날 것이다. 기대하시라. "내가 한창 일할 때는 말이야~" 이런 말하는 꼰대가 당신일 수 있다.

   근무시간이 줄어든다고 그 시간을 회사에 쓰는 사람이 얼마나 되는가? 그렇지 않다는 것을 회사도, 우리도, 잘 알고 있다. 그래서 중요한 건 나에 게 유익한 것이 조직에도 유익한가를 기준으로 표현하는 것이 좋다. 다시 말하지만, 대부분 직무 전문성이다.

Q 돈 벌러왔지 무슨 지원동기인가요?

A   누가 그걸 모르나! 당연한 이야기를 당연하게 물어보면 당연한 답이 나올 게 당연한 거 아닌가? 이 질문에는 의도가 있다. 돈 벌러 온 것 말고 다른 이유가 뭐냐는 것이다. 보통 지원동기는 1위 기업에선 물어보지 않는다. 2위부터가 정말 중요하다. 인재 유출이 걱정되기에, 애초에 유출이 될 만한 인재에 대해서 검토를 신중하게 하겠다는 의지가 깔린 질문이다.

신입사원을 한 명 뽑으면 얼마나 많은 비용이 발생하는지 뽑히는 입장에서는 모른다. 힘들 게 뽑은 신입사원은 들어오자마자 도움이 안 되고 짐만 된다. 그래도 조직의 미래를 위해 꾹꾹 참아가며 키우는데, 아무리 빨라도 보통 5년 정도는 돼야 조직에 도움이 되는 역량을 갖춘다. 이 상황을 다시 표현하면, 5년 내 퇴사하는 사원은 돈으로 치면 수익이 발생하지 않는 투자라는 것이다. 그래서 애초에 조기 퇴사할 확률이 높은 사람도 걸러내지만, 쓸만해졌을 때 다른 회사로 이직할만한 사람은 뽑지 않으려고 하는 것이다.

로열티를 검증하는 회사는 보통 이런 이유를 가지고 있다. 업계 1위인 회사는 보통 이직의 목표가 되기 때문에 이런 부분에 대해 궁금해하지 않고, 갈 테면 가라는 입장이다. 그래서 지원동기에 대해 정리할 때는 2위 이하의 기업에서는 매우 중요하게 다룬다.

다시 한번 강조하지만, 현직자를 만나라. 지원동기가 가장 어렵지만, 가장 쉽게 해결될 것이다.

② **입사 후 포부**

입사 지원동기, 그리고 입사 후 포부

입사 후 포부는 입사 지원동기와 한 흐름이면서 다르다. 대부분 이 둘의 차이점을 정확히 인식하지 못하고 있다.

지원동기는 입사 '전'의 이야기다. 입사 전에 이 회사에 어떻게 관심을 가졌고, 왜 지원했는지에 대한 내용이다. 입사 후 포부는 말 그대로 입사 이후에 어떤 일을 할 것인가에 대한 이야기다. 즉, 지원동기와 연결하여 "이 지원동기를 이렇게 실행할 것입니다."의 내용을 입사 후 포부에 작성하면 된다. 때문에 한 흐름인 것이다.

지원동기와 입사 후 포부를 연결하는 핵심은 '일관성'이다. 일관성이 없으면 앞뒤가 맞지 않는다. 회사 입장에서 신뢰할 수 없는 사람이라 생각된다.

입사 후 포부는 지원동기에 작성한 내용을 어떻게 구체적으로 풀

관련 영상
면접관이 밝힌다! 임원면접관도 반하는 입사 후 포부!

것인지에 대해 설명한다고 이해하면 된다. 즉, 입사 후 포부는 지원동기보다 구체적일 수밖에 없다.

입사 후 포부, 이렇게 작성하자

입사 후 포부를 작성하는 3가지 방법이 있다.

첫째, 회사의 구체적인 성장계획에 함께하겠다고 작성하는 것이다. 나의 직무 강점을 기반으로 회사에서 이러한 내용을 구현해내겠다고 표현하자. 이때 주의해야 할 점이 있다. "사람들에게 사랑받고 인정받는 좋은 회사를 만들겠습니다!"와 같이 추상적인 내용은 전혀 설득력 없다. 이런 표현은 절대 쓰면 안 된다.

[표 5-1]

> 회사가 이러한 전략을 추구하는 중인데(구체적으로 제시하자), 그 전략에 필요한 역량은 이것이라 생각합니다. 저는 이런 경험한 적이 있는데, 그때 이런 성공 경험을 했습니다. 이 경험을 토대로 이러한 것을 만들어내는(회사 전략과 부합되는 내용) 사람이 되겠습니다.

위 사례는 회사의 사업전략과 나의 입사 후 포부가 연결된 표현방식이다. 비즈니스맨은 철저하게 숫자, 결과물로 말하는 사람들이다. 과정과 의도가 아무리 좋았더라도, 그들은 결과물이 없으면 실패라고 인식한다. 면접관은 비즈니스를 잘할 사람, 숫자와 명확한 결과물이라는 성과를 낼 수 있는 사람을 찾는다.

잊지 말자. "어떤 강점을 통해, 구체적으로 어떤 프로젝트에 기여하겠다."라고 설명하는 게 잘 정리된 입사 후 포부다.

둘째, 회사의 경영이념이다. 물론 회사 홈페이지에 경영이념이 친절하게 게시돼있다. 그러나 이는 실제 현장에서 작동되는 경영이념과는 다른 경우가 대부분이다. 그렇지만 최소한 이 회사가 어떻게 설립됐고, 설립자가 어떤 의도와 목적을 가지고 어떤 목표를 달성하기 위해 회사를 설립했는지는 알아야 한다.

이러한 관점을 통해 해당 회사의 상품과 서비스를 바라보는 일은 매우 중요하다. 회사의 관점으로 보게 되면 입사 후 포부의 방향과 깊이가 완전히 달라진다.

설령 그런 기업이 아니더라도 이 회사가 어떻게 시작됐고, 수입의 원천과 경쟁력이 무엇인지 파악하자. 그 내용이 경영이념에 어떻게 녹아 있는지 안다면, 훨씬 강력한 입사 후 포부가 된다.

이를 파악하는 방법은 현직자를 만나는 것이다. 현직자에게 사내 교육 프로그램에서 어떤 내용을 배웠는지 물어보면 끝이다. 그들은 프로그램에서 회사의 핵심 히스토리, 사업 전략, 일하는 방식, 회사의 문화적 특징 등을 교육받는다. 현직자에게 들은 단어와 사례들 등을 종합적으로 정리하여, 그것에 맞는 입사 후 포부를 정리하면 완벽한 입사 후 포부를 작성할 수 있다.

셋째, **회사의 전략적 우선순위에 나의 강점을 맞추는 것이다.** 예를 들어 전략적 우선순위가 해외 진출인 회사라면, 해외에서 거주하며 작은 사업에 도전한 사람이 있으면 무조건 뽑을 것이다.

이런 식으로 나의 경험과 강점 중, 이 회사의 전략적 우선순위에 맞는 포인트가 무엇인지 찾아보는 것이다. 작더라도 괜찮다. 가장 정확하게 발견하는 방법은 현직자를 만나는 것이다. 현직자만이 이 얘기를 해줄 수 있다. 한 명만 만나지 말고, 여러 명의 현직자를 만나 넓은 관점에서 작성해보자.

입사 후 포부, 이렇게 표현하자

지금까지 어떤 정보를, 어떻게 해석하고 받아들일지에 대해 설명했다. 그 내용을 표현하는 방식으로 3가지가 있다.

첫째, 1 / 3 / 5 / 7 / 10년으로 구분하는 것이다. 년도 단위로 끊는 게 일반적인 방식이나, 장단점이 있다. 장점은 로드맵을 한눈에 보여주기에, 아무 생각 없이 입사한 게 아니라 계속해서 성장할 사람임을 어필할 수 있다. 그러나 너무 구체적이면 안 된다. 회사가 나의 계획에 동의하지 않을 수 있다. 예를 들어 5년 뒤에 이렇게 될 것이라 작성한 포지션이 향후 회사에서 없어질 포지션이라면 좋지 않다. 너무 구체적이지 않되, 대략적인 방향을 제시하는 형태로 표현하자.

둘째, **기여와 공헌 관점**에서 설명하는 것이다. 내가 가진 경험과 강점을 통해 어떤 사업 또는 프로젝트에 기여하겠다고 표현하자. 예를 들어 분석력이 강점인 사람은, 이러한 성공 패턴을 통해 어떤 사업부에 가든지 이런 정보들을 생성해내겠다고 표현하면 된다. 그래서 결국 이런 사업을 해결하고 완성해 나가는 데 기여하겠다고 작성하는 것이다.

1분 자기소개 때부터 필살기를 잘 던졌고, 필살기로 면접의 주도권을 가져온 사람이 이와 같이 마무리하면 확실한 합격 도장이 꽉! 찍힌다.

셋째, **최종 포지션**으로 설명하는 것이다. 궁극적으로 나는 어디까지 성장 하고 싶다는 내용을 제시하는 것이다. 주의할 점은 다짜고짜 최종 포지션을 내세우면 안 된다. 먼저 어떤 강점으로 이런 포지션까지 갈 것이라는 과정을 설명해줘야 한다. 위의 두 내용과 함께 설명하면, 최종 포지션의 그림이 훨씬 구체적으로 그려져, 이해가 쉽다.

핵심 Point!

현직자를 만나자! 현직자는 아주 많은 정보를 줄 수 있는 자들이다. 이들을
적극적으로 활용하자.

Q 이형님이 설명하시는 내용을 아부처럼 이야기하지 않을려면 어떻게 해야하나요?

A 아부인지 진짜 피드백한 내용인지 판단하는 기준이 있다. 그 안에 팩트가 있는지와 일반적인 통념인지를 따져보자. 긍정적인 피드백을 하는 대목에서 팩트도 없이 좋다고 하거나, 다른 사람들은 전혀 공감하지 못할 내용으로 나를 칭찬하면서 기분을 좋게 해주는 사람이라면 주변에서 가장 먼저 제거해야 한다. 내 눈과 귀를 가리고 왜곡하는 사람이기 때문이다.

입사 후 포부를 이야기하는데, 팩트가 없고 주변 누구도 공감할 수 없다면 그것은 분명한 아부가 맞다. 그런 입사 후 포부는 절대 하지 말기 바란다. 그저 이 회사에 입사해서 어떻게든 월급 받으면서 시키는 일 외에는 아무것도 하지 않고, 워라밸을 주장하며 내가 받을 권리만을 주장하겠다고 선언하는 것과 다름이 없다. 팩트가 있고, 많은 이들이 공감할 내용이라면 (혹은 다른 이들이 보지 못했던 긍정적인 측면을 본 거라면) 그것은 더 이상 아부가 아니다. 모두에게 격려가 되고 힘이 되는 말인 것이다. 그런 긍정의 메시지는 많을수록 좋다.

아부와 긍정적으로 보는 것을 구분해라. 비뚤어진 시각을 가진 사람일수록 타인의 긍정성에 대해 비판한다. 자신에게는 그것이 없기 때문이다. 긍정적인 언어로 다른 사람들에게 힘을 주는 사람이 되길 바란다. 면접관도 사람이라는 사실을 명심해야 한다.

Q 자기소개 때 했던 경험을 입사 후 포부 때 다시 이야기 해도 되나요?

A 물론이다. 자기소개 때 하는 입사 후 포부는 요약이고, 압축된 내용이다. 보통 한 줄 정도로 마무리하게 될 것이다. 당연히 그때 이야기했던 내용을 더 자세히 설명하는 것이 필요하다. 입사 후 포부는 그 사람의 크기와 비전을 가늠하는 중요한 대목이다. 큰 사람이 되기 위해 가장 중요한 덕목이 바로 일관성 즉, Integrity다. 앞에서 한 이야기와 뒤의 이야기가 다른 것처럼 모순되고 혼란스러운 것이 없다. 전략적으로 맥을 하나로 연결하자.

면접관 입장에서는 수많은 지원자들을 봐야하기 때문에, 그런 작은 차이들까지 신경쓸 겨를이 없다. 반복해서 이야기할수록 좋다. 각인되는 메세지는 강력한 한방을 여러 번 이야기하는 것이다. 여러분은 이 책을 보면서 필살기란 단어를 몇 번이나 접할까? 이것을 인재개발 전문 용어로 '인출효과'라고 한다. 계속해서 반복하고, 브리핑하듯이 설명하자.

자기소개는 면접의 요약이고 목차이다. 필살기를 잘 배치했다면, 그 경험 내에서 면접을 마치는 게 가장 깔끔하고 잘 정리된 내용이라 할 수 있다.

현직자 인터뷰가 필요한 이유

현직자를 만나야 하는 이유가 무엇일까? 이는 지원동기, 입사 후 포부 등을 해결하기 위해 고안한 솔루션이다. 이를 위해 산업분석, 기업분석 등을 진행했지만, 지속해서 발생하는 오류가 있었다.

온라인 정보는 대부분 가공되었기에, 정확도가 부족하다. 예를 들어 기업의 홍보팀에서 낸 정보는 물론 팩트지만, 과장될 가능성이 있다. 또 경영이나 재무회계를 전공한 사람이 아닐 경우, DART를 통해 분석할 때 오류가 발생할 확률이 높다.

최대한 짧은 시간 내에 가장 정확하고 생생한 정보를 얻기 위해, 현직자 인터뷰라는 솔루션을 제안한다.

현직자 인터뷰, 언제 시작하는가

취업 준비 시, 가장 먼저 하는 게 좋다. 아르바이트, 인턴, 대외활동 등의 모든 활동에서 만나는 현직자에게 질문하고 기록해서, 미리 정리 해놓는 게 가장 좋다. 만약 그렇게 하지 못했다면, 적어도 1차(직무)면접 전에 하는 게 좋다.

1차(직무)면접관들은 무엇을 검증할까? 여러가지 포인트가 있지만 핵심 검증 요소는 2가지이다. 직무와 산업에 대한 개념이 정리되었는가, 그리고 직무 강점이 있는가이다. 즉, 해당 직무를 잘 수행할 만한 사람인가를 검증한다. 이는 경험이 없으면 증명할 수 없다. 아르바이트, 인턴 또는 중고신입의 경력은 모두 경험에 해당한다. 자신의 경험을 직무 관점으로 해석하지 못했을 뿐, 여러분은 이미 경험이 있다.

현직자 인터뷰 핵심 질문 리스트

위에서 말한 핵심 검증 요소 2가지를 파악하기 위해, 다음의 4가지 핵심 질문을 준비해서 현직자에게 물어보자.

1. 시장에서의 위치는 어떻고, 이 회사만의 경쟁력은 무엇인가요?

보통 산업분석은 산업의 특징을 파악하고, 특히 지원동기, 즉 해당 기업의 강점을 찾아내기 위한 목적으로 진행한다.

이에 대해 계속 고민하는 게 현직자들이다. 그들은 자신들의 경쟁력이 무엇이고, 이를 향상시키기 위해 끊임없이 노력한다. 따라서 혼자 복잡한 계산과 조사를 통해 파악하기보다 현직자에게 질문해보자. 훨씬 정확하고 생생한 정보를 얻을 수 있다.

관련 영상
직무면접 전 해야할 일: 현직자 인터뷰 & 핵심 질문리스트

현직자 인터뷰에서 첫 번째 질문으로 이를 제시했더니, 이 질문에 현직자들도 답변하기 어려워하더라는 말을 들었다. 평소에 업무에 몰입되어 있지 않거나, 자신의 역할과 책임이 크지 않은 경우, 혹은 업무 구성 자체가 매우 좁게 설정되어 있는 경우, 이러한 포괄적인 질문에 대해 정리된 언어로 답변하지 못하는 경우가 많다. 하지만 앞서 언급한 것처럼 이미 현직자들은 비슷한 고민을 하고 있다. 아래의 질문 적용 예시는, 이미 현직자 인터뷰에 도전한 많은 분들이 사용한 '쿠션 질문'을 모아 놓은 것이다. 공기업의 경우, 적용함에 있어서 조금 변경한 것도 있는데, 참고해서 도전해보길 바란다.

다시 한번 강조하지만, 아래 질문은 내가 책상에서 만들어 낸 것이 아니라, 직접 현직자 인터뷰에 도전하면서 답변을 끌어내는데 성공한 사람들의 실제 도입 질문 사례이다. 즉, 당신도 할 수 있다!

[표 5-2]

질문 적용 예시 :

- 현재 회사에서 가장 큰 이슈는 무엇인가요?
- (공기업) 보도자료 중에 이 부분이 이해가 잘 안 되는데 설명 부탁드려도 될까요?
- 회사에서 중점으로 밀고 있는 게 무엇인가요?
- 요즘 A가 쟁점으로 부각되고 있는데 A를 관심있게 봐도 되나요?

2. 경쟁사는 어디이며, 그곳과 대비되는 이 회사만의 차별화 포인트가 무엇인가요?

경쟁사에 대한 인식은 굉장히 중요하다. 경쟁사가 회사의 레벨을 결정하기 때문이다. 인터넷에 나오는 경쟁사는 정확하지 않을 수 있다. 오류가 없도록 현직자에게 검증해보자.

[표 5-3]

질문 적용 예시 :

- 최근 밀고 있는 상품이 무엇인가요?
- (공기업) 경쟁력은 무엇인가요? 차이점은 무엇인가요?
- (업계 1위 기업이라면) 누가 봐도 이 회사가 1등인데,
  그렇게 잘하게 된 이유가 뭐라고 생각하시나요?
  이것은 제일 잘하고 있다고 자신 있게 내세울 만한 게 무엇일까요?
- (업계 1위가 아닌 기업이라면) 이쪽 업계에서는 다른 회사가 1등이지만,
  그래도 이 회사에서 이것만큼은 1등이라고 자부할 만한 건 무엇인가요?
  (이 질문은 꼭 사전에 조사하고 가야 질문이 가능하다.)

CHAPTER 5

3. 이 기업에 다니는 이유는 무엇인가요? 앞으로의 성장계획이 있으신가요?

경쟁사까지 산업조사였다면, 3번부터는 기업조사이다. 모든 기업의 인사팀은 직원들의 고용을 유지하고 직원들이 업무에 몰입할 수 있도

록 특정한 가치를 설계한다. 그리고 그것을 제도, 문화, 캠페인에 담는다. 이것을 물어보자.

[표 5-4]

질문 적용 예시 :

- 후배 / 신입사원이 알았으면 하는 지식이 있나요?
- (실무 이야기를 먼저 물어본 후) 인터넷에서 본 것은 이런 내용인데 제가 느끼기에는 너무 포괄적이어서 실제적인 이야기가 궁금합니다.
- 이 일을 하면서 보람된 순간이나 이 직업을 선택하길 잘했다는 생각이 든 때가 언제였나요?
- 어떨 때 제일 힘드셨나요? 그것을 극복하기 위해서 어떻게 하셨나요?
- (구체적인 기업 이름을 나열하면서 질문) 이 업계에는 A사도 있고 B사도 있는데 이 기업을 선택하신 이유가 있나요?
- (공기업) 필요 지식 혹은 법적인 상황에 대해 꼭 알아야 할 것이 있을까요?
- (공기업) 인터넷에서 본 내용은 이런데, 실제로 각 부서가 어떻게 조직되어 있고, 무슨 일을 하는지 알고 싶습니다.

4. 회사에서 어떤 사람이 인정받나요?

홈페이지에 회사의 인재상을 올려놓지만, 실제 현업에서 요구하는 인재상이 아닐 경우가 많다. 실례로 인재상을 회사가 정리하지 않고, 인사 컨설팅 회사가 작성하는 경우도 있다. 이를 현직자를 통해 파악해보자.

[표 5-5]

질문 적용 예시 :

- 어떤 신입사원을 기대하시나요?
- 이 업무 할 때 가장 필요한 스킬이나 역량이 무엇이 있나요?
  이걸 갖추면 커리어패스가 탄탄히 쌓이나요?
- (공기업) NCS를 보면 B라는 역량이 필요하다고 하는 데 실제 실무에서
  어떻게 쓰이나요?
- (공기업) 이 일을 하기 위해 어떤 자세가 필요하다고 여기시나요?

실제 현직자 인터뷰를 갔던 사례들을 종합해보니 내가 처음에 제시한 질문을 현직자가 어렵게 느끼거나 지원하는 기업에 맞지 않는 경우가 있었다. 그러니 질문 적용 예시와 같이 유연성 있게 바꿔 보기를 권장한다. 해당 질문을 물어보는 요지와 핵심을 파악하고, 유연하게 질문을 바꿔 물어본다면 답을 쉽게 얻을 수 있을 것이다.

시작 전 주의사항

1) 면접을 앞두고 있다는 말은 가급적 하지 말자

그 말을 듣는 순간 현직자는 부담스럽다. 잘못된 정보를 줬다가 괜히 불합격할 수 있다. 또 아무것도 아닌 정보인데도 면접 본다고 하니 기업 비밀을 누설하는 것 같은 생각이 든다. 그러니 면접을 앞두고 있더라도, 해당 산업과 기업에 대해 알고 싶어 조사 중이니 잠깐 인터뷰해

주실 수 있는지 여쭤보자. 부담 없이 인터뷰할 수 있는 비결이다.

2) 정답을 요구하지 말자

목표는 현직자가 생각하는 시야, 관점, 해석 정도를 얻는 것이다. 맞고 틀리고를 판단하는 건 여러분의 몫이 아니다. 때문에 여러 사람을 인터뷰해야 정확한 정보를 얻을 수 있다. 여러 사람이 비슷하게 얘기하면 정확한 정보인 것이다. 그걸 면접 때 이야기하자.

3) 최소 5명에서 12명까지 만나보자

이는 정확한 정보를 얻는 비결이자, 의사소통능력과 적극성, 로열티를 증명할 수 있는 솔루션도 된다.

4) 경쟁사의 현직자도 만나보자

한두 명 정도 만나서 크로스 체킹 해보면 더욱 완벽에 가까운 정보가 된다. 경쟁사에 대해 조사하다 보면 현직자도 모르는 정보를 얻을 수 있다. 이를 면접 때 제시하면 합격 확률은 급속히 올라간다.

 핵심 Point!

현장에 답이 있다. 현장으로 가자! 실천이 가장 중요하다.

현직자 인터뷰 후기와 조언

나와 함께 했던 두 명의 사례를 소개한다. 당연히 면접에서 좋은 결과가 있었을 뿐만 아니라, 삶에 대한 관점과 태도가 가장 크게 바뀐 사람들이다. 나 역시 이들에게 많이 배우고 있는데, 이들의 성공 경험을 여러분께 나누고 싶어서 소개한다. 한 사람의 사례는 유튜브에 자세한 인터뷰 영상으로 올려두었으니, 꼭 참고해서 적용점을 찾기 바란다.

1. 스포츠 패션 브랜드 D사 디자인 부서 지원 : 빛준식

취업 준비하면서 의미 있던 활동을 고르라고 한다면, 가장 먼저 생각나는 게 현직자 만나기이다. 이는 취업 준비에서 가장 중요하다. 주변 지인이나 인터넷 조사로는 절대 알 수 없는 내용들, 그 어디에서도 얻을 수 없는 생생한 정보들을 얻을 수 있다.

지원하는 회사 브랜드의 백화점을 세 군데를 정하고 경쟁사 브랜드까지 돌아다니면서 백화점 매니저들을 인터뷰했다. 확실히 하고 나니 자신감이 생겼다. 나만 알고 있는 정보인 것 같기도 하고, 현직자의 정보가 훨씬 정확하다는 걸 피부로 느낄 수 있었다.

관련 영상 : 현직자 인터뷰는 직무면접에서 이렇게 사용하는거야!
(feat.30대 쌩신입 + 노스펙 + 유학생 + 남자디자이너)

2. 기업 별 현직자 인터뷰 17명 돌파 : 이달인

1) 시간과 장소

시간대에 따라 인터뷰 성공률이 달라진다. 총 4일 동안 아침, 점심, 오후, 퇴근 시간대로 나눠 나름의 실험을 했다. 4-6시에는 사무실에서 나오는 분이 많지 않았고, 6시 이후의 퇴근 시간대에는 대부분 비협조적이었다. 가장 성공률이 높은 황금 시간대는 11-2시 정도이다.

인터뷰하는 장소도 중요하다. 사옥 내 카페가 가장 좋다. 카페가 없을 때는 회사 주변 카페 아르바이트생에게 회사 사람들이 많이 오는지를 물어봤다. 대부분 솔직하게 말해준다. 그렇게 회사 주변 카페를 2-3군데 정해놓고 인터뷰를 진행했다.

2) 인터뷰 대상

장소, 시간이 정해졌으면 인터뷰 대상을 정해야 한다. 한 가지 팁은 여자만 모여있는 곳은 지양하는 게 좋다. 그들만의 리그가 형성되어 있어 벽을 뚫기가 어렵다. 실제 "지금 커피 마시고 있잖아요.", "저희 지금 얘기하잖아요."라며 거부하는 경우가 많다. 또 혼자 계신 분들은 부담스러워 하신다. 남녀가 함께 있는 테이블이 성공률이 가장 높다. 아마 인터뷰하다 보면 팀장과 그 밑의 사원들이 모인 테이블이 보일 텐데, 그 경우에는 사원과 팀장급 각각의 입장에서 들을 수 있어 좋다. 이렇게 나만의 기준을 정해놓고 인터뷰를 진행했다. 이는 직접 해보면 자신만의 기준이 생기리라 생각한다.

3) 첫인사

첫인사는 정말 중요하다. 첫인사에서 머뭇거리면 무조건 아웃이다. 당차게 다가가자. 그리고 웃으면서 다가가는 게 핵심이다. 그분들은 절대 먼저 손을 내밀어 주지 않는다. 또 면접을 준비하는 학생이라고 인사하면 보통 부담스러워한다. 실제 "내가 면접관으로 들어가서 못 해준다."며 거절당하기도 했다. 그래서 이 기업에 관심을 갖고 취업을 준비하는 학생인데 실무적인 얘기를 들을 수 있는지로 첫인사를 시작하자.

4) 질문 내용

어떤 내용을 해야 될까? 질문 리스트 4개가 있지만 이것부터 물어보면 현직자 입장에서 답변하기가 어려울 수 있다고 생각했다. 그래서 가장 먼저 내가 어떤 전공이고, 이 회사의 어떤 직무에 관심 있고 인터넷에 이런 내용을 조사했는데 그럼에도 실무적인 이야기, 좀 더 깊은 이야기를 알고 싶어서 왔다는 자기소개를 했다. 이렇게 어느 정도 노력했다는 걸 어필했다. 무작정 질문하면 현직자 입장에서도 해주기가 당황스러울 것 같다.

두 번째로는 그렇게 한 번 해봤더니 "질문이 어려운데 어떻게 답변해

주지."라는 답변이 90%였다. 그래서 그분들이 지금 당장 무슨 일을 하시는지, 인터넷에 접하지 못한 실무적인 내용을 듣고 싶다고 말씀드렸다. 사실 여기서 게임이 끝난다. 왜냐면 나만 알게 되는 실무 정보이기 때문이다. 여기서 편하게 말문이 트인다. 그 다음에 질문 리스트로 인터뷰를 확장시켜 나갔다.

그런데 이 회사를 왜 다니고 자부심이 뭔지 여쭤보면 거의 똑같은 대답을 하서서 좀 어려웠다. 취업이 됐으니, 돈 벌려고 등의 답변이다. 그래서 돌려서 이 일을 하면서 어떤 부분이 보람을 느끼고, 아니면 이 일을 하기를 잘했다고 느낀 순간들을 여쭤봤고 거기에 대한 답변에서 지원 동기 소스를 많이 얻었다. 거기서 "이런 분들이 많이 성과 내고 성공하시겠네요."라는 질문까지 이어진다.

5) 꿀팁

또 하나의 팁을 주자면 노트북, 핸드폰은 절대 꺼내지 말자. 이를 꺼내는 순간 취조받는 느낌이 든다. 그래서 최대한 손으로 메모하려고 노력했다. 내가 열심히 적고 눈을 쳐다볼 때 기특하게 쳐다봐주셨다. 내가 얼마나 노력하는지를 그 자리에서 보여드리는 게 유의미한 답변을 얻을 수 있는 상황을 스스로 만드는 것이라고 생각한다.

그 기록물을 집에 와서 정리하자. "이 질문은 왜 했지? 이렇게 질문하지 말자." 등으로 매번 피드백하자. 그러면서 날릴 질문과 살릴 질문이 구분된다. 질문하지 못한 내용은 다음에 더 하고, 이 질문은 좋았는데 생각보다 깊게 못 했다 등으로 피드백하며 나만의 질문 플로우를 만들어 나갔다.

이 정리가 현직자 인터뷰의 꽃이라고 생각한다. 이 정리가 있기에 지원동기, 입사 후 포부까지 정리할 수 있다. 그래야 면접장에서 임팩트 있는 답변을 할 수 있다.

이는 회사를 직접 찾아간 경우이다. 전화 인터뷰를 하기도 했는데, 나는 20번 넘게 전화해서 여쭤봤다. 물론 다 거절당했고 한 군데만 성공했다. 가장 중요한 건 열정이다. 열정이 최고이다. 나 또한 수줍음이 많고 어디 나가서 이야기하는 걸 좋아하는 스타일이 아닌데, 현장에 나갔을 때 확신이 생긴다. 그 확신은 면접관에게 보인다. 그러니 뭐라도 해보기를 권한다. 지인부터 시작해서 발로 뛰어보기를 추천한다. 한번 해보면 왜 이렇게 추천하는지 피부로 느낄 것이다.

현직자 인터뷰 DO & DON'T LIST

수많은 구독자들이 현직자 인터뷰에 도전하고 있다. 이들과 함께 호흡하며 성공 / 실패 사례들을 수집한 뒤, 정리해 보았다. 구체적인 액션 항목과 그들의 언어로 작성된 내용이니 현직자 인터뷰에 한 분도 빠짐없이 도전해보길 바란다. 앞으로도 이런 구체적인 데이터들을 계속 수집해 많은 이들이 도전할 수 있도록 도울 예정이다. 홈페이지를 주목하고 계속해서 업데이트되는 컨텐츠를 이용하기 바란다.

얼라이브 커뮤니티 홈페이지
www.alivecommunity.co.kr

1. DO LIST

1) 사내 카페 공략은 남자 상사와 여자 팀원 구성이 가장 쉽다!
(곰도리푸우)

현직자를 만나기 위해 사옥을 찾아갔는데 삼엄한 경비로 내부에 들어가는 것이 어려웠다. 그래서 1층에 있는 사내 카페를 갔는데 아르바이트생이 원하는 계열사 직원분들이 점심 식사 후 11-2시에 카페에 많이 방문한다는 정보를 주었다. 그래서 점심시간을 공략하기 위해 카페에 앉아 1시간 정도 살피다가 현직자 인터뷰를 시도했는데, 동성끼리 앉아있는 곳은 인터뷰를 진행하기가 너무 어려웠다. 그러다 남자 상사와 여자 직원들로 구성된 그룹에게 요청했는데 흔쾌히 수락을 해줘서 인터뷰 할 수 있었다.

2) 담배 피는 휴게 공간은 인터뷰 어장! (스란스란, 이형은 우리형 팀)

처음 만난 어색한 사이라도 담배를 함께 피우다 보면 친해질 수 있다는 학과 선배들의 말이 기억나서 사옥의 후문에 있는 담배 피는 공간을 찾아갔다. 나는 비흡연자여서 함께 흡연을 하기는 어려워 흡연을 다 마치고 본사로 들어가는 분들께 '이 회사를 입사하고 싶은 학생인데 궁금한게 있어서 잠깐만 시간을 내주실 수 있으세요?'라는 말로 인터뷰를 요청했다. 처음엔 어색했지만, 세 번의 시도만에 현직자 인터뷰를 성공했다. 담배 피우는 공간은 대체로 야외이기에 비가 올 경우 인터뷰 진행이 어려울 수 있으니 사전에 일기예보를 체크하고 가는 게 좋다.

3) 첫 번째 인터뷰 대상자에게 다음 인터뷰 대상 소개 받기! (미친잡상인 팀)

사옥에 찾아가 현직자 인터뷰를 진행했는데 내가 희망하는 직무의 현직자분이 아니었다. 그래도 기업분석을 하기 위해 방문한 것이기에 내가 희망하는 직무를 밝히고 회사에 대해 궁금한 점을 여쭤보았다. 열심히 경청하는 모습을 보시고는 내가 마음에 드셨는지 희망하는 직무에 종사 중인 동료를 소개해주셔서, 지원하는 직무에 대한 이야기를 자세히 들을 수 있었다. 일단 현직자를 만나면, 거기서 꼬리를 물고 다른 사람을 만날 수 있게 된다는 사실을 알게 되었다. 일단 가보면 기회가 생긴다.

4) 쿠션 질문 사용해서 자연스럽게 핵심 질문 던지기!
(이형의 행원들 팀, 새마음 팀)

다짜고짜 질문을 던지기 보다는 자연스럽게 분위기를 풀어가는 게 현직자에게 부담을 덜어주는 느낌이었다. 이형님의 대표 질문 4개를 먼저 던지기보다는 나에 대한 소개를 먼저 하고, 어떤 직무이신지, 그리고 그 답변에 대해 궁금한 점을 차근차근 물어보면서 어색한 분위기를 풀어나갔다. 어느 정도 분위기가 풀렸을 때 이형님의 질문을 하나씩 물어보면서 원하는 대답을 얻을 수 있었고, 자연스러운 대화를 통해 예기치 않은 정보도 획득할 수 있었다.

5) 회사 기초정보 파악은 기본! (현대차뽑았다 팀)

현직자 인터뷰를 하기 전 인터넷에서 알 수 있는 정보는 알고 가는 것이, 인터뷰 할 때 더 얻어가는 게 많은 것 같다. 현직자 인터뷰를 총 2일 진행했는데, 첫날에는 지원하고 싶은 직무와 산업에 대한 정보를 잘 모르고 현직자 인터뷰를 갔더니 질문 하기가 어려웠다. 이를 보완하여 지원하는 직무와 산업에 대한 정보, 요즘 이슈가 무엇인지를 인터넷에서 조사한 후에 현직자 인터뷰를 다시 진행했다. 회사에 대한 정보를 어느 정도 갖고 질문을 하다 보니 질문의 깊이가 깊어졌고, 그에 따른 답변도 풍성해져 만족스러웠다.

6) 계열사 사무실 위치 사전에 파악하기! (뉴월드 팀)

본사를 찾아갔으나 정작 내가 희망하는 직무나 부서는 다른 건물에 있다는 것을 알게 되었다. 인터넷 검색과 함께 정확한 정보를 알기 위해 부서에 직접 전화하여 위치를 파악했고, 희망 직무 및 부서에 종사하시는 분들을 만날 수 있었다. 당연한 이야기 같지만, 막상 현직자 인터뷰를 하러 가기 전에 생각보다 정신이 없고, 기본적인 것을 놓치고 가는 경우가 많다. 먼저 체크하고 가면 시간을 많이 줄일 수 있다.

7) 인스타그램으로 사원증 미리 확인하기! (점심시간 두시간 팁)

계열사가 많은 회사에 찾아갈 경우 내가 원하는 계열사의 직원분들을 마주치는 게 쉽지 않았다. 그래서 인터넷으로 미리 지원할 회사의 사원증의 색, 모양 등을 파악하고 가니 수월했다. 특히 인스타그램을 활용하였는데, 희망하는 기업을 해시태그 해보면 간혹 사원증을 찍어서 올린 사람들이 있다. 사원증에 대한 정보를 미리 파악한 후 현직자 인터뷰를 가니 희망하는 계열사 분들께만 요청을 드릴 수 있었고, 인터뷰를 잡느라 고생하는 시간이 단축되었다.

2. DON'T LIST

1) 소극적인 태도로는 인터뷰 시작도 안 됨 (이형의 행원들 팀)

처음 보는 사람에게 말을 걸기 두려워하는 성격인데 막상 현직자 인터뷰를 진행하려니 너무 힘들었다. 첫인사를 연습해서 갔지만 현직자에게 말을 걸게 되니 자신감이 없고, '거절하면 어쩌지?'라는 두려움에 휩싸여 의기소침한 모습으로 첫인사를 던졌지만 거절되기 일쑤였다. 그래서 편한 마음을 갖기 위해 '펜을 빌리는 정도의 마음'을 가지며 마인드셋을 하였다. 펜을 빌려주지 않더라도 크게 마음 상하지 않고, 다른 사람에게 빌려달라고 요청하면 되는 것처럼 현직자에게 인터뷰 요청을 거절당하더라도 포기하지 않고, 다른 분께 요청을 하다 보니 결국 성공했다.

2) 격식있는 정장 차림은 부담스러움 (뉴월드 팀)

예의를 갖추기 위해 정장을 입고 갔는데 오히려 경쟁사에서 시장 조사를 나온걸로 착각하여 경계심을 푸는데 쉽지 않았다. 따라서 두 번째 진행할 때는 캐주얼한 복장을 입어 수월하게 인터뷰를 진행할 수 있었다.

3) 감사 표현은 인터뷰 마치고 티 안나게 (현대차뽑았다 팀)

이미 성공한 사람들의 조언 중, 감사 표현으로 간단한 음료수를 주는 게 좋다는 이야기를 들었다. 우리도 비타 500을 들고 사옥 앞에 서 있었다. 사람들은 우리를 잡상인 보듯 했고, 인터뷰를 떠나서 대화 자체가 성사되지 않았다. 감사 인사는 인터뷰를 마칠 때, 간단하게 하는 게 좋다. 현직자들은 그게 먹고 싶은 게 아니기 때문이다.

4) 부가적 / 웜업 질문은 1-2개면 충분하다 (인터뷰하조 팀)

어색한 분위기를 풀기 위해 일상적인 이야기를 많이 던졌는데 현직자분들의 기분이 점점 좋지 않다는 것을 느꼈다. 바쁜 사람들이니 쓸데없는 이야기를 너무 많이 하지 않도록 하자. 자연스럽게 대화를 풀어가려다 대화 자체가 단절될 수 있다. 현직자분들께서 흔쾌히 인터뷰를 수락해주셨더라도 업무 중에 잠깐 시간을 내주시는 것이기에, 분위기를 푸는 질문은 1-2개 정도가 적당한 것 같다.

5) 동성끼리 모여있는 그룹은 피하자 (새마음 팀)

여러 명의 현직자가 모인 곳을 공략할 때, 동성 그룹에게 인터뷰를 요청했을 때 성공하는 확률이 매우 낮았다. 특히 여성끼리 모여있는 곳은 정말 쉽지 않았다. 그 대화에 끼는 것 자체가 어렵고, 어렵게 말을 걸어도 매우 싫어하거나 굉장히 거부감을 보이는 경우가 많았다. 물론 남자들끼리 모여있는 그룹도 크게 다르지 않았다. 이들은 항상 뭔가 심각한 이야기를 나누고 있었고, 시간을 내주지 못하겠다고 하는 경우가 많다. 동성보다는 이성으로 구성된 팀을 공략하는 것이 좋을 것 같다.

6) 3명 이상 몰려가면 인터뷰는 어렵다 (뉴월드 팀, 새마음 팀)

현직자 인터뷰를 처음 할 때 혼자 하기 두려워 세 명이 함께 현직자에게 다가갔다. 한꺼번에 몰려가니 부담스러워 하시며 인터뷰에 쉽게 응해주지 않았다. 처음엔 몰랐는데, 우르르 몰려간 것 자체가 잘못된 것 같아 방법을 바꿔 보았다. 현직자를 세 명이서 함께 찾되, 직접 인터뷰를 하는 것은 한 명 혹은 두 명이 돌아가면서 진행했더니, 그제서야 현직자와의 인터뷰를 할 수 있었다.

위의 내용들을 보면, 구체적인 성공과 실패의 사례들이 나온다. 내가 처음 현직자 인터뷰를 이야기 했을 때, 많은 이들이 말도 안 되는 무책임한 소리라고 말했다. 하지만 이제는 많은 이들이 참여하고 좋은 결과를 내면서 방법론이 하나씩 개발되고 있다. 이 일을 멈추지 않으면 좋겠다. 방법이 맞다면 피하지 말고 도전하자. 할 수 있다고 마음 먹은 사람은 반드시 할 수 있는 방법을 찾고, 할 수 없는 이유를 찾는 사람은 피할 방법을 찾기 마련이다. 다시 한번 강조하지만, 할 수 있다! 도전해보자!

Q 현직자도 회사 다니는 대단한 이유 없던데요?

A 현직자를 여러 명 만나봐야 하는 이유다. 내가 만난 사람이 로열티도 없고, 회사 내에서 그다지 성장에 대한 니즈가 없는 사람이라면, 당신의 그 노력과 에너지는 오히려 안 좋은 결과로 연결된다. 당신이 하는 말이 면접관이 가장 듣기 싫어하는 말들로 구성될 테니 말이다.

사실 가장 좋은 것은 그 기업의 핵심 인재들을 만나보는 것이다. 그런 사람들은 보통 바빠서 만나기가 쉽지 않다. 그래서 일단 많은 사람을 만나봐야 한다는 것이다. 정말 10-20명을 만나봤는데, 하나같이 회사에 다니는 이유가 별것 없다면, 당신은 왜 그 회사에 들어가야 할까? 월급 받기 위해서? 월급은 어디를 가도 받을 수 있다. 물론 금액의 차이는 있겠지만, 당신의 커리어와 인생의 큰 부분을 차지하는 회사생활을 월급 차이와 바꿀 수 있을까? 밀레니얼 세대인 여러분은 절대 그런 존재가 아니다. 일에 의미가 있어야 하고 일이 재미있어야 하며, 당신이 주도적으로 일할 수 있는 환경이어야 한다. 전 세계의 모든 다음 세대가 그렇다.

현직자 인터뷰를 최대한 많이 해보고 판단해라. 그리고 그 결과가 정말 별 것 없다면, 입사 후 그 사람의 모습이 당신이라는 사실 또한 기억하자. 나 같으면 그 회사 말고 다른 곳을 찾아보겠다.

Q 현직자 인터뷰를 했는데 현직자가 불쾌해하시는데 불이익이 있을까요?

A 현직자 입장에서는 잘 알지도 못하는 취준생이 와서 인터뷰 해달라고 하면 당연히 귀찮을 것이다. 그 정도는 당연히 감수해야 한다. 그렇게 창피하고 성격에 맞지 않는 것을 이유로 해야 하는지 묻는다면, 당연히 그렇다고 답변한다. 정말 중요하다. 지금 하고자 하는 것은 새로운 도전이다. 현직자 인터뷰를 통해서 무언가를 얻는 것도 있지만, 그것보다 중요한 것은 당신의 한계를 뛰어넘는 것이다. 생각해보지 않은 일에 대한 도전이다. 그동안 목표 없이 살았다면, 이번 기회에 거절감도 극복해보고, 협상력과 함께 의사소통능력을 키워보자. 그 열매는 기대 이상일 것이다.

처음에는 내 말을 듣고, 도전해본다. 그런데 한두 명을 만나보고는 별로 얻을 것이 없다며 이를 왜 하라고 하냐고 질문하는 경우가 있다. 해 본 사람은 현직자 인터뷰를 해 본 사람과 그렇지 않은 사람의 차이를 안다. 한두 명이 아니라 10-20명을 만나봐야 한다. 지원 분야 뿐 아니라 경쟁사까지 가봐야 한다. 그럴 때 얼마나 의미 있는 정보를 얻게 되며, 면접장에서 돋보이는 내가 되는지 돌아볼 수 있을 것이다.

그런데 정말 현직자 인터뷰를 정석대로 돌파해본 경우 대부분 이런 반응을 보인다. "아, 이제 뭐든 할 수 있을 거 같아요." 어떤 경우는 취업이 아니라 사업을 해야겠다며 진로를 다시 생각하는 경우도 있다. 다시 말하지만, 현직자 인터뷰는 정보 이상의 것을 얻을 수 있는 통로다. 과감하게 도전해보자.

Q 면접 도중 현직자와 인터뷰를 했다고 밝혀도 괜찮은가요?

A 당연하다. 현직자 인터뷰는 면접 때 밝히라고 하는 것이다. 알릴수록 좋다. 현직자 인터뷰라는 말도 안 되는 조사를 실제로 함으로써, 여러분의 주도성과 열정을 어필할 수 있다. 회사에 대한 정확한 정보를 토대로 지원동기와 입사 후 포부를 찾아냈다면, 이 회사를 바라보는 당신의 진지한 시각을 설명할 수 있는 객관적 근거가 된다. 또 이 액션 하나가 다른 지원자와 차별점을 만들어낸다. 현직자 인터뷰를 성공해 낸 많은 이들의 고백은 한결 같다. "이거 안하고 면접을 볼 생각을 한다니 믿겨지지가 않아요!" 그만큼 확신을 가지고 갈 수 있다. 면접관은 당신의 확신과 객관성, 일관성에 감탄한다. 이 사람은 회사에 입사해서도 고객조사를 이와 같이 할 것이고, 일반적인 접근법이 아닌 새로운 관점으로 도전할 것이라고 판단할 것이다.

현직자 인터뷰 하나로 많은 것을 표현할 수 있다. 설령 아무 정보를 얻지 못했다 하더라도 말이다. 이런 걸 파레토의 법칙이라고 한다. 80의 결과물을 만들어내는 20의 액션 말이다.

Q 팀 규모가 작은 곳에도 현직자 인터뷰 해도 패널티가 없을까요? 중소~중견은 기업정보를 어떻게 알아보나요?

A 패널티란 건 불공정하거나 불법적인 액션에 뒤따르는 조치다. 열심은 결코 패널티가 될 수 없다. 우리나라는 노력과 열심의 자유가 있는 나라이기 때문이다. 기울어진 운동장, 출발선이 다르다는 것을 부정적으로 받아들이지만, 비즈니스에서 노력과 열심과 전략은 때로 우리를 유리한 고지에서 출발하게 도와준다. 팀 규모가 작은 곳 혹은 회사에서 현직자 인터뷰에 성공한다면, 부서 내에서 면접 전부터 소문이 날 수밖에 없다. 일단 주목을 끄는 것은 성공한 셈이다. 주목을 끄는데 성공한 뒤, 하는 말이 개념 없다면 빨리 떨어질 수 있겠지만, 여러분은 이미 필살기라는 확실한 무기를 장착하고 회사에 대한 관심과 열정을 어필할 것이기에 긍정적인 평가를 받을 확률이 높을 수밖에 없다. 경우에 따라서, 이런 것을 정말 싫어하는 회사가 있을 수도 있지만, 그런 경우는 흔치 않을뿐더러, 그러한 정보조차 현직자 조사를 하는 과정에서 밝혀지기 때문에 리스크가 없다고 볼 수 있다.

중소기업, 스타트업 같은 경우는 비교적 현직자를 만나기가 쉬운 편이다. 사업장으로 가자. 규모가 작을수록 직원들이 멀티플레이를 하기 때문에 여기저기서 보일 수밖에 없다. 판매가 이루어지는 매장 혹은 고객 문의처로 연락을 하는 것도 방법이 된다. 스타트업은 오히려 개방적인 문화를 가진 곳이 많기에 채용을 위해서라면 더 많은 정보를 주고 싶어 할 것이다. 나는 대기업도 좋지만, 뜻이 있고 실력 있는 CEO를 만날 수만 있다면 스타트업을 가라고 추천하고 싶다. 지금은 모르겠지만, 10년 뒤에 웃게 될 것이다.

CHAPTER 5

4 퇴직사유

경력이 조금이라도 있는 경우 지원 동기보다 더 중요한 것이 바로 퇴직 사유이다. 퇴직 사유가 분명하지 않으면 퇴직은 반복될 것이고, 조직에서 사람이 들고나는 것은 전체에 영향을 주는 중요한 요소이기 때문에 민감하게 볼 수밖에 없다.

퇴직사유, 이렇게 대답하자!

퇴직사유에서 가장 중요한 원칙은 '솔직함', 즉 Integrity이다. 솔직하게 말하자. 물론 '아 다르고, 어 다르다.'는 속담처럼, 지나친 솔직함은 독이 되니 지혜가 필요하다. 그런데 솔직함 없이 다른 내용으로 돌려서 표현하면, 이상한 내용이 된다.

면접관이었을 때 지원자가 하는 말이 솔직하지 않은 느낌이 들면 "우리 회사도 그렇지 않아요?" 라고 질문했다. 만일 꾸민 대답이었을 때 "동일한 이유가 우리 회사 와서도 적용되지 않을까요?" 등으로 질문하면 자기도 모르게 맞다고 대답한다. "그런데 왜 우리 회사 지원했죠?"라고 말하면 많은 경우 면접이 사실상 끝났다. 아니라고 답하는 사람에게는 "우리 회사에 대해서 어떻게 조사하셨죠?"라고 물었다. 회사에 대한 조사가 불분명하다면 마찬가지로 끝이다. 물론 현직자 인터뷰 등의 사전조사를 통해 그렇지 않다는 증거를 가지고 있으면 괜찮다.

면접관이 이해할 수 있는 합리적인 퇴직사유를 제시해야 한다. 경력직의 경우, 연봉이나 승진 적체는 합리적인 이유다. 내가 능력이 있고 성과도 냈는데, 합당한 연봉을 받지 못한 건 충분히 합리적이다. 신입과 경력은 다르기 때문이다.

그럼에도 경험 상 퇴직사유 답변 중 긍정적으로 들려 최대한 합격시켰던 답변이 있다. **성장을 위한 도전**이다. 대부분의 회사는 모든 사람을 만족시킬 수 없다. 내가 예상한 CDP(경력개발계획)와는 다른 기회가 주어질 수 있다. "이전 회사에서 이런 부분이 아쉬웠습니다. 이 회사에는 이런 프로젝트와 산업이 있기에 지원했습니다. 입사하여 이 프로젝트에 도전하고 싶습니다." 등은 굉장히 의미 있는 답변이다. 때문에 면접 전 기업 조사는 필수적이다. 현재 추진 중인 사업 등의 정보를 미리 습득하자.

합리적인 퇴직사유가 없다면

퇴직하기 전에 스스로에게 질문해보자. 첫째, 이직하면 더 좋은 커리어를 쌓고 인정받을 수 있을까? 다른 회사에 경력직으로 입사해도 동일한 문제에 봉착해서 다시 퇴사하지 않을지 고민해보자.

둘째, 지원하는 회사가 나를 뽑아야 하는 이유를 고민해보자. '내가 가진 어떤 역량, 경험, 네트워크로 인해 나를 뽑고 싶어할까?'라는 질문을 스스로에게 해보는 것이다. 이게 바로 필살기이다. 이는 굉장히 유의미한 면접 질문과 답변이 된다.

위의 두 질문에 대한 답변을 못 했는가? 그렇다면 예상하건대 면접 합격의 성공률은 확연히 낮다. 만약 입사하더라도 적응하지 못할 확률이 높다. 그만큼 두 질문에 대한 고민은 중요하다.

현재 직장을 다닌다면 템포를 조금 줄이고, 이직하고자 하는 회사에 대해 진지하게 고민한 후 지원하기를 권면한다.

⊗ 핵심 Point !

필살기가 있고, 경력 기회에 도전하기 위해 회사에 지원한다면, 많은 경우에 합격한다.

Q **1. 회사 경영악화 문제로 퇴사했는데 면접관이 "우리 회사도 사정이 안 좋아지면 그만두겠네." 라는 말에 뭐라고 답해야 하나요?**

2. 임금체불 문제로 퇴사를 결정했는데 면접관들 입장에서 어떻게 보이나요?

3. 회사가 망해서 나왔는데 "중간에 나올 수 있었는데, 왜 못 나왔어요?" 라는 말은 뭐라고 답해야 하나요?

ddong Na, Ent Jay 👍 5, 자유로운브금이, Collin Jang, 김민지 👍 2, 김서우 👍 6, 미소르, 나매리 👍 3, love X 👍 8, 문진웅

A   임금체불 문제는 매우 심각한 이슈다. 면접관도 대부분 근로자이기에 임금체불까지 될 정도의 회사를 그만두는 것에 대해 충분히 이해한다. 그런 이슈는 솔직히 이야기하자. 다만 이전 회사에 대한 불평이나 비난은 지양하자.

  회사 사정 악화와 임금이 체불되는 건 다른 문제다. 회사 사정이야 실적이 안 좋아지는 등으로 힘들어질 수 있다. 그 연장선상으로 임금이 체불되기도 하지만, 그것이 장기화 되거나 연속적으로 이루어진다면, 근로자로서 생계를 위해 이직하는 것이 현명한 것이고 합리적인 답변이다.

  그럼에도 최선을 다해 할 수 있는 부분까지 최대한 함께 해결하겠다고 답변하자. 나의 강점과 역량으로 어려움을 함께 헤쳐 나가는 인재가 되겠다는 말 외에는 첨언하지 않는 게 좋다. 그 이상 어필할 때 잘못하면 위선처럼 보일 수 있다. 내가 사랑하는 삶의 지침서에는 이런

표현이 있다. "예, 아니오 외에 다른 맹세를 하지 마라.", 이 지침이 딱 맞다고 본다.

간혹 아주 예외적으로 월급 없이도 비전과 뜻 때문에 함께 하고 싶은 회사나 조직이 있다. 이를 경험해 본 사람이 아니면 이해하기 어렵기에 설명은 생략하겠다. 당신이 이런 회사나 조직을 만나길 바란다. 당신이 지원하는 회사의 지원동기를 찬찬히 살펴보자. 급여 없이도 다닐 수 있는 동기가 없다면, 면접 장소에서 어설픈 위선은 피하라고 권면한다.

[Youtube 댓글 질문]

Q **1. 상사의 지속적인 폭언에 너무 위축돼서 퇴사했습니다. 어디까지 솔직해야 할까요?**

2. 대부분 상사나 동료들과의 인간관계 때문에 퇴사하지 않나요? 그런 부분을 어디서부터 어디까지 말해야 하나요?

Mrs. Kim 👍 2, 알리루리루, totom haha, 황금벌레 👍 5

A 퇴사하는 직원 면담을 해보면, 대부분이 인간관계의 어려움을 말한다. 가끔 연봉이나 회사의 정책 등과 같은 불만도 있지만, 그것도 자세히 들여다보면 인간관계에서 기인한 경우가 많다. 사회가 다양성을 띄고, 세대적 특성이 심해질수록 이런 문제가 더 생기는 것 같다.

나는 여러분의 편임을 먼저 확실히 하고 답변을 이어가겠다. 여러분이 잘되라고 면접관의 속마음을 설명하는 것이지, 독자들을 흥분시키고자 말하는 것이 아님을 밝힌다. 면접관은 여러분이 생각하는 기성세대다. 당연히 여러분 세대를 이해하기 힘들고, 대화법부터 매너, 집요함과 열정 등의 모든 부분에서 자신의 젊은 시절과 다르다고 느낀다. 그래서 젊은 세대가 연약하고 인내가 없다고 생각하는 선입견이 있다.

그래서 주의할 점은, 일반적인 관계의 어려움은 언급하지 않는 게 좋다. 예를 들어 일을 많이 시킨다거나, 체계가 없다거나, 개념이 없다거나 하는 이야기 등 말이다. 이는 상대적인 요소이기에 잘못하면 면접관에게 안 좋은 기억을 떠올리게 하는 결과로 이어질 수 있다. 그래서 이런 경우에는 성장 가능성으로 바꿔 얘기하는 게 현명하다. 이전 회사에는 없고, 지원하는 회사에는 있는 커리어 성장의 포인트를 짚어서 이것 때문에 지원했다고 이야기하는 방법이다.

인간관계는 상사나 동료 등 상대방의 문제만은 아니다. 나의 문제도 함께 들여다 봐야 한다. 박수는 손바닥이 마주쳐야 소리가 난다는 사실을 머릿속에 넣어두자. 적어도 이 생각이 있으면 말을 할 때 조심하게 되고, 문제의 원인을 나에게서 먼저 찾는 성숙한 사람이 될 수 있다. 그렇지만 아무리 그래도 폭언은 아니다. 그것은 상사의 인격적인 문제이니 솔직히 이야기하자.

Q 면접관이 듣고 싶은 말을 해주면 되는 거지 솔직하지 않아도 된다. (연봉이나 전 회사의 처우는 언급하지 않고 그냥 이직하면 더 많은 업무를 하고 싶어서 이직을 결심하게 됐다고 하면 된다?)

A 이 주장에 대해 아예 틀렸다고는 생각하지 않는다. 듣고 싶은 말만 해주는 데 뭐가 문제인가? 당연히 면접에서는 좋은 결과가 있을 수도 있지만, 문제는 그 이후이다. 이런 식으로 입사에 성공하여 상사에게 아부하고 무조건 하겠다고 하는 사람을 예스맨이라고 표현한다. 예스맨은 온갖 핑계를 대며 면접 때 말한 것과 다른 사람이 되기 십상이다.

많은 직장인들의 비극이 여기서부터 시작한다고 생각한다. 솔직해져야 한다. 취업을 고시로 인식하는 데서 저런 관점이 나온다. 통과하고 난 다음에는? 회사는 월급을 받기 위해 다니는 곳이 된다. 그게 바로 노예 아닌가? 본인 스스로를 노예로 인식하고 노예화되는 것이다. 월급 때문에 퇴직을 못한다고? 그 인식 자체가 딱 노예근성이다.

여러분이 그런 수준의 사고에 머무르지 않길 바란다. 새마음을 갖자. 나에게 맞는 직무 / 산업 / 직장을 만나기만 하면 연봉 이상의 것을 얻을 수 있다. 그것이 더 큰 유익일 뿐 아니라, 행복과도 직결된다.

한번뿐인 인생인데 월급 조금 더 받겠다고 발악하며 사는 것이 무슨 의미가 있을까?

Q 출퇴근 거리때문에 퇴사했는데 사실대로 말했더니 이직하는 직장도 옮기면 퇴사 할거냐고 묻는데 어떻게 답변해야 할까요?

A 그래서 경력의 성장 가능성을 퇴직 사유로 표현하라는 것이다. 이런 류의 케이스는 계속 깊이 들어가다 보면 끝이 없다. 모든 회사는 완벽하지 않다. 장점이 있고 단점이 있는데, 나의 퇴직 사유가 우리 회사에도 존재하는 단점이라면 당연히 질문하게 된다.

근데 면접관 입장에서도 그런 질문을 해놓고 어떻게 판단해야 할지 애매한 경우가 있다. 우리 회사가 그렇게 불안정한 회사가 되지 않도록 만들어야 한다고 생각하다가도, 그래도 이러면 안 되지 하는 생각이 들고 그런다. 만감이 교차한다는 뜻이다. 복리후생을 비롯해 환경적인 요인으로 들어가면 이렇게 가치 판단이 애매해진다. 하지만, 성장 가능성은 모두에게 같은 결론을 쉽게 내릴 수 있게 해준다.

회사에서 직원이 성장하지 못하게 틀어막는 경우는 별로 없다. 간혹 자신보다 탁월한 부하직원을 견제하는 좀팽이 상사가 있긴 하지만, 조직 차원에서는 그리 많지 않다. 특히 면접 장소는 조직의 미래를 위해 최고의 투자를 하는 자리 아닌가? 상식적인 선에서 성장 가능성을 꿈꾸고 도전하는 지원자를 좋게 평가할 수밖에 없다. 이전에 어떤 퇴직 사유가 있든 간에, 성장 가능성을 찾아서 그 포인트로 생각도 다시 정리하고, 실제로 거기에 도전해라.

취업을 준비하는 과정은 여러분의 직업관과 직장관을 다시 세울 수 있는 절호의 찬스다. 이전에 몰랐던 중요한 가치를 정리하고, 과감하게 생각을 바꾸자.

CHAPTER 5

이 외에도 퇴직 사유의 경우 너무도 많은 케이스들이 있기 때문에, '면접왕 이형'채널에서 많은 영상과 스트리밍으로 다루도록 하겠다. 이미 업로드 되어 있는 영상중에 가이드를 잘 잡은 영상을 하나 소개하니, 꼭 같이 학습하고 준비하면 좋겠다.

퇴직사유, 이건 피하세요

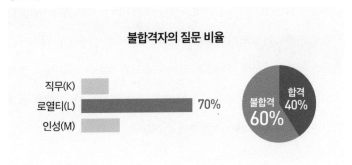

5 지원 동기 면접 시뮬레이션

면접 리뷰를 분석해 본 결과, 지원 동기 질문을 많이 받는 것은 매우 좋지 않은 사인이다.

[표 5-6]

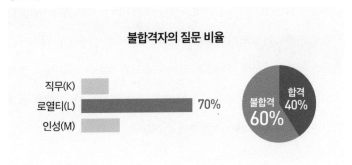

불합격자의 질문 비율

직무(K)
로열티(L) 70%
인성(M)

합격 40%
불합격 60%

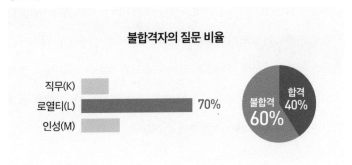

그래프에서 볼 수 있듯이, 주로 불합격 판단 요인으로 작용되기 때문에, 지원 동기 관련 L 질문은 받더라도 필살기로 움직이는 것이 정말 중요한 포인트라고 하겠다. L 질문 자체가 부정적인 뉘앙스를 내포하는 경우가 많다. 대표적인 L 질문은 다음과 같다.

1. 우리 회사 지원 동기가 어떻게 되세요?

2. 우리 회사에 대해 아는 대로 설명해 주세요

3. 우리 회사 떨어지면 어디 가실 거예요?

4. 우리 회사가 보완할 점이 있다면 뭘까요?

그래서 이번 챕터에서도 질문 세트를 7케이스로 준비했다. 꼬리 질문까지 연결되어 있으니, 실제로 시뮬레이션 해보기 바란다. 여기서도 중요한 것은 L 질문에 대해 K로 답변을 옮기는 것이다. 우리는 K 영역으로 넘어가기만 하면 승산이 높아진다. 절대 잊지 말자. 그렇게 옮겨가는데 성공한 좋은 케이스를 하나 소개한다.

L질문에서 K로 넘어간 면접 복기록 케이스 [표 5-7]

L. 사업 지원실이 어떤 일을 하는지 아시는 대로 이야기해주세요.

고객 데이터를 관리하고 이를 각 사업에 공유하여 전략 수립에 기획하는 것으로 알고 있습니다. 특히 A 기업의 사업 지원실은 특별히 고객 데이터 관리에 있어 경쟁력 있는 점을 시장조사하며 확인했습니다.

L. 우리 회사에 입사하자마자 하고 싶은 것이 있다면 무엇인가요?

저는 지금 A 기업에서 주안점을 두고 있는 에듀테크 사업에 도전하고 싶습니다. 60만 명의 고객에게 고득점을 줄 수 있었던 점은 고객의 데이터를 분석했기 때문이라고 생각합니다. 제가 이전 직장에서 200개의 입시 데이터를 관리하여 이전에 없었던 자료를 만든 경험을 통해 이에 도전하고 싶습니다.

K. 이전기업에서 입시 데이터를 통해 만든 자료는 무엇인가요?

200개 데이터는 물론이고 고객들이 즐겨 찾는 입시 커뮤니티에서 50개 글을 분석했습니다. 처음에는 의미 없는 자료들이 흩어져 있다고 생각했지만 전년도와 올해 값을 비교하여 올해에 OO에 더 관심을 많이 가지는 사실을 발견했습니다. 해당 내용이 쉽게 비교될 수 있도록 표를 통해 고객에게 전달했습니다.

자 그러면, L 질문 세트를 사용해서 내가 지원하는 기업에 대한 로열티 검증을 해보도록 하자. 사용 방법은 앞서 설명한 것과 동일하다.

다음 페이지의 면접 시뮬레이션까지 왔다면, 기초적인 준비는 마쳤다고 봐도 좋다! 정말 수고 많았다. 하지만, 놀라운 사실이 하나 있는데, 우리의 면접 준비는 이제부터 시작이다. 다음 챕터에서는 KML의 질문을 어떻게 확률적으로 분석하고, 보완할지 면접 리뷰 방식에 대해 알아보도록 하자.

면접 시뮬레이션

지원동기 검증 질문리스트 (Loyalty)

Q L1. 우리 회사 말고 지원하신 기업 3군데만 알려주세요.

질문의도

지원한 기업에 직무와 산업이 얼마나 일치하는지 검증하기 위한 질문입니다. 지원자가 지원 직무와 산업에 대한 지식이 부족해 보일 때 물어보기도 합니다. 중소기업 스타트업의 경우 대기업에 지원비중이 높아 이직할 가능성이 있는지 확인할 수 있습니다.

답변 가이드

비슷한 직무와 산업군에 대해서 지원한 기업으로 답변해 주세요. 사기업과 공기업을 동시에 지원했다는 사실 또한 크리티컬할 수 있으니 주의하세요!

답변을 작성해 보세요

예상 꼬리질문

L1-1 만약 우리 회사 떨어지면 어디 가실 생각이세요?
L1-2 우리 회사만 지원하셨고 떨어지면 어떻게 하실 계획이신가요?
L1-3 영역이 다른데 두 회사를 같이 지원하신 이유가 있나요?

답변을 작성해 보세요

Q L2. 우리 회사에 대해 아는대로 설명해 주시겠어요?

질문의도

회사 로열티를 검증하기 위한 대표질문입니다. 모두가 아는 뻔한 답변을 기대하기 보다 이 회사에 들어오기 위해 어떤 조사를 했는지 확인할 수 있습니다.

답변 가이드

그 회사만의 경쟁력을 특정 제품/서비스를 언급하며 답변해 주세요. 제품/서비스를 대한 정보를 경제신문스크랩을 통해 조사하고 실제 구매하는 고객들의 언어로 그에 대한 경쟁력을 설명해 보세요.

답변을 작성해 보세요

예상 꼬리질문

L2-1 우리 회사의 경쟁력은 무엇이고, 이를 이룰수 있었던 이유가 뭐라고 생각하세요?

답변을 작성해 보세요

지원동기 검증 질문리스트 (Loyalty)

Q L3. 우리 회사가 보완할 점이 있다면 무엇일까요?

질문의도

대표적인 낚시 질문입니다. 회사가 단점을 몰라서 묻는 것이 절대 아닙니다. 또한 그 보완점에 대한 솔루션을 궁금한 것도 아닙니다. 오히려 회사가 컴플렉스가 있을 때 흔히 사용하는 질문입니다.

답변 가이드

유일하게 미괄식으로 답변해야 하는 질문입니다. 단점 대신 내가 회사를 조사한 방법을 답변해 주세요. 보완점 또한 나의 생각보다 기업조사를 하며 발견한 고객의 소리를 대신해서 전달하는 방식으로 답변해 주세요.

답변을 작성해 보세요

CHAPTER 5

예상 꼬리질문

L3-1 다른회사가 더 좋다면 그 회사 가셔야 겠네요? 우리 회사에는 왜 지원하셨나요? (면접관의 속마음) 우리 회사만이 가지고 있는 경쟁력을 알고 있을까?

답변을 작성해 보세요

Q **L4. 지원직무 외에 다른 직무를 맡게 된다면 어떻게 하시겠어요?**

질문의도

긍정뉘앙스 : 지원자도 발견하지 못한 강점을 발견해서 면접관이 오히려 다른 직무로 입사시키고 싶은 경우 질문합니다.

부정뉘앙스 : 직무 지원동기가 불분명할 경우 질문합니다.

답변 가이드

회사의 선택이 옳기 때문에 최대한 수용적으로 따르겠다고 답변해 주세요. 맡은 역할에 대해 최선을 다하겠다는 답변과 함께 그에 맞는 경험을 제시해 주시면 더욱 좋습니다. 그럼에도 불구하고 내 직무 전문성에 대한 나만의 생각 정도는 제시해 주세요.

답변을 작성해 보세요

예상 꼬리질문

L4-1 이 직무를 꼭 우리 회사에서 해야 할 이유가 무엇인가요?

(면접관의 속마음) 직무 지원동기는 좋은데 회사 지원동기가 불명확한데?

답변을 작성해 보세요

Q L5. 입사하신다면 뭐부터 하자고 제안하시겠어요?

질문의도

주도적인 사람인가 확인하기 위한 질문입니다. 현재 회사가 어떤 사업에 집중하고 미래사업과 산업의 동향을 파악하는 지원자인지 확인할 수 있습니다.

답변 가이드

단순히 내가 하고 싶은 것을 제안하기 앞서 회사가 집중하고 있는 사업은 무엇인지 고려해서 답변해 보세요. 또한 들어갔을 때 서비스하는 고객이 필요로 하는 것이 무엇인지 조사한 내용을 토대로 답변해 주시면 고객관점을 어필할 수 있습니다.

답변을 작성해 보세요

예상 꼬리질문

L5-1 지금까지 우리가 안했던 이유가 뭐라고 생각하시나요?
(면접관의 속마음) 불가능한 근거가 이미 존재하는데, 산업과 기업조사가 부족하네
L5-2 말씀하신 것 관련해서 경험해 보신 거 있으신가요?
(면접관의 속마음) 그 제안을 잘할 수 있다는 근거에 본인의 경험이 있나?

답변을 작성해 보세요

Q L6. 지방 발령이나 해외 근무가 잦은데 괜찮으신가요?

질문의도

정말 이와 같은 상황이 있어서 물어보는 경우와 변수가 많은 상황에도 잘 적응할 수 있는 지원자인지 검증하기 위한 질문입니다.

답변 가이드

괜찮다는 답변은 누구나 할 수 있습니다. 동일한 상황을 겪었다면 그 당시에도 문제가 없고 성과가 있었다면 성공 경험도 덧붙여서 답변할 수 있는 기회입니다. 동일한 상황이 없다면 예기치 못한 변수 혹은 조직에서 제안을 받았을 때에도 수용적으로 임한 태도를 답변해 주세요.

답변을 작성해 보세요

예상 꼬리질문

L6-1 그 지역 이외의 영역에서 근무할 수도 있는데 괜찮으신가요?
(면접관의 속마음) 특정지역만 고집하면 어떡하지..

답변을 작성해 보세요

Chapter 6

면접 볼수록
합격률이 올라가는 방법 :
면접리뷰

앞서 면접 준비 방식의 가장 중요한 1원칙을 일단 면접부터 보라고 언급한 바 있다. 그냥 무턱대고 면접을 봐도 상관없다. 면접 리뷰만 할 수 있다면 말이다. 면접 리뷰는 바둑으로 치면 '복기'의 개념이다. 내가 두었던 한 수 한 수를 다시 되짚어 보면서 어떤 수가 잘못되었는지, 다시 둔다면 어떻게 할지 시뮬레이션 하는 방법이다. 우리는 면접에서도 이 방법을 적용할 수 있다. 면접 때 있었던 모든 대화와 상황을 기록하고, 이를 데이터로 분석해서 확률적으로 나의 강약점을 파악하고 보완하는 것이다. 구체적으로 방법을 알아보도록 하자.

Step1. 면접의 모든 대화를 기록한다.

말 그대로 모든 대화를 기록하면 된다. 면접은 고도의 집중력을 필요로 하고, 정말 긴 면접이 아니라면 상당 부분의 대화는 기억이 난다. 어떤 질문을 했고, 내가 어떤 식으로 답변했는지 면접을 마치고 난 직후라면 기억이 생생하다. 이때 이동을 하지 말고 그 자리에 앉아서 속기록을 작성하는 것이 좋다. 이 데이터를 '면접 리뷰 데이터'라고 부르겠다. 간혹 녹음기를 이용하는 경우가 있는데, 이것은 불법은 아니지만 많은 기업들이 꺼려 하는 방법이기 때문에 추천하지는 않는다. 잘못하면 오해를 불러일으킬 수 있고, 이것 때문에 면접을 잘 보고 나서도 문제가 될 수 있다. 당신의 기억력이면 충분하다. 최대한 당시의 상황과 질문에 대해 다 기록하자. 다대다 면접의 경우에는 기억이 허락하는 대로 다른 사람의 질문과 답변까지 기록하면 좋다. 이 기록이 중요한 이유는, 어떤 맥락에서 나에게 질문이 온 건지, 그리고 다른 사람과 비교해서 나에게 온 질문이 어땠는지 파악하는 중요한 데이터가 되기 때문이다.

잘 작성된 면접 리뷰 데이터 예시 [표 6-1]

Q. 1분 자기소개 해주세요.

준비한 내용대로 답변

Q. 송파구에서 일 잘하는 11가지 방법 중 가장 와닿았던 것?

쓰레기도 먼저 본 사람이 줍는다. 코로나19가 시작되었을 때, 매장 현장에서 근무를 하고 있었는데, 당시 혼란스러운 상황 속에서 담당하고 있는 업무만 하는 것이 아니라 필요한 상황에 투입하여 동료들 업무에 협조하며 상황을 극복했었기 때문에 이 문장이 와닿았다. + "입사 후에도 ~~"라는 멘트까지 해버림ㅜ (굳이 할 필요 없는데 모르고 튀어나옴.)

Q. BB마트, B쇼핑 라이브 중 이용해본 서비스가 있는지?
  있다면 개선할 점이 있었는지

BB마트 서비스가 지역 내에 없어서 실제로 이용은 못해봤다. 대신 앱으로 메뉴를 살피고, 블로그 리뷰를 검토해 보았다. (+좋았던 점 설명) 하지만, BB마트에서만 구매할 수 있는 PB 상품의 구색이 아직 부족한 것 같아서, 이 부분을 개선해 보고 싶다.

Q. MD에게 필요한 역량이 무엇이라 생각하는지?

커뮤니케이션 역량. 커뮤니케이션이란 정확한 목적 달성을 위한 과정이라고 생각함. 상품 POP 보드 제작을 기획하면서 디자이너와 협업을 할 때,.. (애매하게 답변했다)

Step2. KML 질문으로 분류한다.

면접관의 모든 질문은 분류가 가능하다. 나에게 한 질문이 필살기를 검증하기 위한 K였을까? 아니면 인성을 검증하기 위한 M 질문이었나? 지원동기를 검증하기 위한 L 질문이었는지는 맥락과 배경을 생각해보면 충분히 유추 할 수 있다. 질문에 대해서만 따로 코드화를 해서 각각 몇개의 질문을 받았는지 분류해 본다. 이것만으로도 엄청난 데이터가 된다.

질문 유형 분류표 [표 6-2]

양식 다운받기

항목	분류	받은질문	비율(%)	보완점
1	필살기 질문(K)	3	42%	- 1분 자기소개에서 질문을 많이 받았으나 답변의 구체성이 떨어졌다. - 결과물과 행동에 수치화로 기반해서 답변하는 관점을 더 연습하자
2	인성 질문(L)	2	29%	- 상황에 대한 설명이 길었던 것 같다. 핵심만 잘 전달하도록 모든 답변 두괄식으로 바꿔보자
3	지원동기 질문(M)	2	29%	- 개선점에 대한 질문에서 좀 더 구체적으로 답변해야 했다. - 직접 고객을 만나 설문조사를 통해 실제 개선점을 도출해 보자
	합계	7	100%	

해당 양식은 다운로드 받아 얼마든지 계속 사용할 수 있으므로, 계속 연습해보기 바란다. 아래 그래프에서 볼 수 있는 바와 같이, 필살기 관련 질문의 비중 자체가 합불에 큰 영향을 준다.

[표 6-3] ▨ 인성&지원동기 질문 ■ 필살기 관련 직무역량 질문

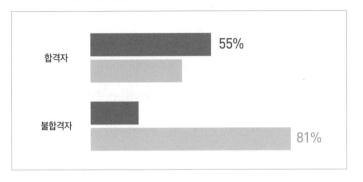

간혹 분류하는 과정에서 면접관의 의도를 잘 모르겠을 수도 있고, 또는 중의적인 의미를 담아 던지는 질문일 수도 있다. 이럴 때는 챕터 3~5까지 면접 시뮬레이션으로 제시했던 질문 세트를 활용하자. 비슷한 질문이라면 KML의 분류도 그대로 따라가면 된다. 그래도 모르겠다면 그냥 내가 느끼는 대로 분류해도 전혀 상관없다. 그런 질문이 아주 많지 않고 예외적인 질문이 있는 것이기 때문에 크게 보면 큰 변수는 아니니 무시하고 가도 좋다.

또 정말 쓸데 없는 질문이 있을 수 있다. 예를 들어 아이스브레이킹을 위한 질문 말이다. 그런 것은 군이 카운팅을 하지 않아도 되고, 그

런 질문이 많았다면 전체 질문의 숫자에서 비중값을 뽑아보자. 병풍 면접이었을지 가늠해 보는 중요한 척도가 되어 줄 것이다. 애초에 뽑을 의지가 없었다면, 필살기를 검증하려 들지는 않았을 것이다.

Step3. 답변 체크리스트 작성

이제는 나의 답변이 적절했는지 분석해 보는 단계이다. 면접관의 의도와 상황, 면접의 맥락에 따라 답변의 적절 여부를 판단해야겠지만, 그래도 내가 제시하는 3가지의 기준을 의식한다면 좋은 두괄식 답변을 준비할 수 있다. 이건 의식적으로 계속 연습을 해야 한다. 나의 답변들이 어땠는지 이 기준을 가지고 점검해 보자.

답변 체크리스트 [표 6-4]

☑ **질문 의도에 맞는 답변을 하는가?**	– 질문을 이해하지 못한 경우
☑ **질문에 대한 답이 되었는가?**	– 수치화된 결과물, 근거를 제시하지 않는 경우 – 액션이 직무/산업/직장 연결성이 부족한 경우
☑ **두괄식 답변이 되었는가?**	– 배경부터 장황하게 설명하는 경우 – 꼬리 질문을 해야 원하는 답을 한 경우

답변 체크리스트 피드백 예시 [표 6-5]

[1] 면접리뷰 기록

K. 여기서 이제 실제 검증을 한 대상은 어떤 거가 되는 거예요. 지금 글로벌 프로젝트 언팩 이벤트라는 것만 봐가지고는 뭐를 검증했는지 딱 와닿지가 않아서요

A. 네 저희가 이제 크게는 두세 가지로 이제 검증을 진행을 했는데 송송전자, 그러니까 온라인 스토어가 없는 국가들이 확산되는 그런 프로젝트가 한 가지였고 거기서 이제 스테이지 서버에서 백오피스 검증이랑 이제 송송전자 온라인 스토어 스테이지 사이트를 검증하고 또 이제 홈페이지부터 배송하는 구매 단계까지 erp 연동 검증까지 같이 했습니다. 그래서 주문 내역을 분석하고 이제 주문이 잘 되었는지 그리고 배송까지 소비자에게 잘 전달이 되는지까지 검증을 했습니다.

[2] 답변 체크리스트 작성

질문 의도에 맞는 답변을 하는가?	- 이전 답변에서 필살기 전달이 제대로 되지 않아서 들어온 질문이었다. 추가적으로 1분 자기소개를 보완하자. - 검증을 통해 무엇이 달라졌는지까지 답변 됐다면 면접관의 궁금점이 더 해소됐을 거 같다.
질문에 대한 답이 되었는가?	- 검증 대상을 3가지라고 수치화하여 먼저 명시했다. - 주문 내역을 수치화하여서 검증 전후로 비교하여 설명하면 더 좋았겠다. - 검증했던 경험이 지금 직무에 어떤 도움이 되는지 연관성까지 어필해 보자.
두괄식 답변이 되었는가?	- 3가지라고 답변은 했지만, 무엇인지는 미괄식으로 답변 - 보완 답변 : 크게 3가지를 분석했습니다. 주문내역, 주문접수, 배송 여부 단계마다 고객에게 불편한 점이 없는지 검증했습니다.

모든 답변마다 3가지 기준으로 피드백 해보길 추천한다.

Step4. 면접에 대한 종합적인 피드백

위의 3단계를 통해서 나의 면접이 어떠했는지 종합적으로 피드백 해보자. 우리는 면접을 자주 볼 것이기 때문에 매번 이 기록을 누적하면서 나의 면접 실력을 피드백 하는 것은 누적될수록 엄청난 데이터가 될 것이다. 결국 계속 학습하는 사람을 이길 수가 없다. 한 번은 실패할 수 있어도, 계속 실패하지는 않는다.

면접 피드백 양식은 너무 디테일하게 쓸 필요 없고, 내가 종합적으로 느낀 점에 대해서 작성하면 된다. 양식 앞뒤로 준비 과정과 이력서, 자소서 등 제출했던 내용과 면접 리뷰 속기록이 붙어 있다면 더욱 완성도 높은 자기 학습 자료가 될 것이다. 아마 이 내용을 10년 뒤에 다시 본다면 전혀 다른 인생이 되어 있는 자신의 모습에 감사도 회복할 수 있을 것이다. 자 실행해 보자!

면접 피드백 양식 다운받기

면접 피드백 양식 [표 6-6]

피드백 내용	잘한 점	아쉬운 점
1분 자기소개에서 질문을 받았는가?		
꼬리질문을 필살기로 답변했는가?		
답변을 두괄식/수치화 되었는가?		
경제신문스크랩, 현직자인터뷰, 고객조사 내용으로 답변했는가?		
인성질문에 크리티컬한 답변을 하지 않았는가?		

면접 피드백 작성 예시 [표 6-7]

피드백 내용	잘한 점	아쉬운 점
1분 자기소개에서 질문을 받았는가?		자기소개 없이 바로 지원 동기를 물어봤다. 이런 경우 역량을 말해야 되는 질문에 대한 답변으로 필살기를 말할 수 있도록 상황 연습을 해보자
꼬리질문을 필살기로 답변했는가?	인성 질문과 지원 동기 질문에도 내 경험으로 답변한 질문이 5개 중 2개가 있었다.	아직 What-Why-How로 내 질문에 대한 답변을 드릴다운하는 연습을 못하고 있다. 면접 리뷰를 통해서 답변을 수정한 후 최대한 많이 What-Why-How의 드릴다운을 해보자
답변을 두괄식 / 수치화 되었는가?	내가 한 답변이 필살기 자소서 문항에서 두괄식, 수치화로 작성한 내용과 일치되어서 면접관의 이해가 빨랐다.	이에 대한 근거 등을 논리적으로 설명하지는 못했다. 이를 해결하기 위해서는 꾸준한 연습이 제일 중요하다.
경제신문 스크랩, 현직자인터뷰, 고객조사 내용으로 답변했는가?	내가 했던 경제신문스크랩 분야에서 질문이 들어왔다.	경제신문 스크랩하는 방법에 대해서 조금씩 익혀 나가던 시기였기 때문에 적용을 못 했던 것 같다. 내가 적용해 볼 수 있는 인사이트, 수치를 면접 답변에 1개씩이라도 넣어서 대답하는 연습을 해보자
인성질문에 크리티컬한 답변을 하지 않았는가?		인성 질문에 대한 질문 유형이 아직 머릿속에 잡혀있지 않았다. 인성 질문은 어느 정도 방향성이 있기 때문에 면접왕 이형 인성 질문 영상을 정주행 하여 이에 대한 대답 방식을 숙지하자.

이 모든 피드백 방법은 면접을 봐야 진행이 가능하다. 그래서 어떤 형태로건 면접에 도전해 보는 것이 가장 **빠른** 전략이라고 이야기 한 것이다. 수영은 물속에서 배워야 한다. 수영을 글로 배우면 절대 안 된다. 도전해 보자!

CHAPTER 7

Chapter 7

알면 유익한
면접의 포인트

면접관이 뽑고 싶은 사람의 특징

[1] 열정, 집요함

어디에서도 항상 인정받고 승진하는 사람이 있다. 어디서나 눈에 띄는 그들의 특징은 아주 단순하다. 이 두 가지 특징이 자신 안에 뿌리내린다면, 무엇을 하든 성과 내고 인정받을 것이다. 면접 또한 당연히 합격이다.

두 가지 키워드 : 열정과 집요함

열정 있는 사람은 깊은 고민을 하기에 언제나 기대 이상의 결과물을 가져온다. 남보다 더 빠르고 많은 에너지를 쓸 뿐 아니라, 결과물에 쉽게 만족하지 않는다.

대부분 열정이라는 단어를 오해한다. 많은 시간과 노력을 쏟아부었다고 열정이 아니다. 다른 이들보다 탁월한 결과를 내기 위해 도전했고, 그 결과가 성과로까지 연결된 것을 열정이라 한다. 결과물이 없다면 열정이 아닌 단순한 열심이다. 열심만 있고 결과가 없는 상황이 반복되는 걸, 바로 실력이 없다고 한다. 때문에 모든 영역에 열정이 있다는 건 불가능하다. 보통 스스로 잘하거나, 좋아하는 영역에서 열정이 쏟아져 나온다. 그래서 내가 좋아하고 잘하는 강점과 재능의 영역을 발견하는 게 무엇보다 중요하다.

열정만큼 중요한 게 **집요함**이다. 이는 열정 있는 사람의 특징인 동시에 성과 내는 사람의 특징이다. 그들은 하나를 물면 끝까지 잡고 늘어진다. 될 때까지 한다. 이런 사람은 뭘 해도 성과 내고 인정받는다.

집요함은 열정과 비슷하지만, 차이가 있다. 집요함은 일을 끝맺는 것이면서, 열정에 부스터를 달아주는 역할을 한다. 성과 내기 위한 핵심

관련 영상
면접관이 밝히는, 뽑고 싶은 사람 특징 #1: 열정 집요함

주제를 찾아주고, 해결책을 찾을 때까지 끊임없이 의문을 던지며 방향성과 초점을 잡는다. 보통 집요함이 없는 사람들은 여러 가지 일을 동시에 한다. 이 경우에 열정이 열심으로 그치기 십상이다. 많은 일을 감당하는 듯 보이지만 실상은 결과물이 없고, 아마추어 수준에 만족하게 된다. 즉, 열정과 집요함 두 가지를 충족시키는 한 단어가 '성과'이다.

면접관은 열정과 집요함에 굶주려 있다. 이를 찾기 위해 눈에 불을 켜고 면접에 임한다. 자소서나 면접에서 열정과 집요함을 반드시 어필하자. 이를 바꿔 말하면 설명 가능한 성공 경험이 된다.

열정과 집요함, 지금 만들자!

열정과 집요함이 부족하다면, 지금 당장 도전해보자. 이루고자 하는 목표와 그것을 이루기 위해 집요하게 파고들 요소를 생각해본 뒤, 본인이 할 수 있는 한 끝까지 실천해보길 권한다. 기간은 짧아도 좋다. 핵심은 목표를 정한 뒤 끝까지 가는 것이다. 밥이 되든 죽이 되든 괜찮다. 먹을 것이 나오기만 하면 된다.

CHAPTER 7

(※) 핵심 Point!

관심사를 뛰어넘는 게 강점이고, 강점을 뛰어넘는 요소가 열정과 집요함이다. 여러분의 열정과 집요함을 마음껏 풀어낼 수 있는 직무 / 산업 / 직장을 선택해서, 취업에 성공하고 멋진 커리어를 쌓아가길 응원한다!

Q 열정과 집요함이란 목표를 정하고 끝내는 태도를 말하는 건가요? 두 가지 태도는 평소에 어떻게 기를 수있나요?

A   열정과 집요함은 단순히 목표와 책임 완수 정도로 설명 가능한 개념이 아니다. 이는 단순한 목표 달성능력을 넘어선다. 어찌 보면 일 자체를 사랑하는 경우다. 그래서 앉으나 서나, 자나 깨나 끊임없이 이 과제를 고민하고 생각한다. 내가 만나본 수많은 핵심인재들은 밥 먹으면서 일을 생각한다. 워커홀릭이라 그러는 게 아니다. 일에 대한 열정과 집요함이 있기 때문이다. 어떨 때는 주어진 일이 재미있어서 그렇기도 하지만, 내게 맞지 않는 일임에도 불구하고 이렇게 몰입한다.

열정과 집요함은 습관과도 같다. 항상 집중하고 몰입하는 습관 말이다. 그래서 열정과 집요함이 있으면 다른 사람이 보지 못하는 것을 보게 된다. 계속해서 파고들어 타의 추종을 불허하는 수준까지 도달한다. 그들은 기본적으로 많은 시간을 할애하고, 새로운 도전과 피드백을 반복하면서, 의미 있는 패턴을 찾아내는 사람이다.

이런 사람이 되기 위해서 가장 필요한 게 뭘까? 나에게 맞는 직무, 관심도가 높은 산업군, 가치관과 문화가 맞는 직장에서 커리어를 시작하는 것이다. 그게 없이는 수많은 외부 요인이 당신의 열정과 집요함의 불을 꺼트릴지도 모른다. 명심하라. 애초에 내가 몰입할 수 있는 곳을 잘 선정해야 한다. 몰입은 연봉이나 복리후생 조건, 기업의 규모와는 아무 상관 없다.

[2] 주도성, 적극성

이는 열정과 집요함이 있는 사람들에게 자연스럽게 드러난다. 그들은 굉장히 주도적이다. 사실 열정과 집요함이 있으니 주도적일 수밖에 없다. 수동적인 사람은 조직 내에서 기본적으로 인정받기가 어렵다. 스스로의 사고와 행동이 능동적이어야 한다. 매번 생각만 할 뿐, 행동으로 이어지지 않는 사람은 인정받지 못한다.

주도적인 사람을 선호하는 이유

첫째, 어떤 상황에 처하더라도 본인이 할 수 있는 영역에 도전한다. 이런 사람은 성과 낼 수밖에 없다. 그들에게 힘든 환경은 뛰어넘어야 할 제약요소일 뿐, 목표를 절대 포기하지 않는다.

둘째, 급여와 복리후생과 같은 요소로 인해 동기를 상실하지 않는다. 우리의 생각 저변에는 끊임없이 남들과 비교하는 비교의식이 깔려있다. 주도적인 사람은 자신을 남과 비교할 시간조차 없다. 목표를 달성하는 데 온전히 집중되어 있기 때문이다. 옆에서 어떤 속도로 가든지 목표에 몰입한다.

CHAPTER 7

관련 영상
면접관이 밝히는, 뽑고 싶은 사람 특징 #2: 주도성 적극성

셋째, 자신의 행동 및 과정을 스스로 결정한다. 누군가 시켜서 하면 이미 늦다. 조직의 목표를 나의 목표로 인식하여, 어떤 목표를 어떻게 달성할 지 끊임없이 사고한다. 그런 사람은 보통 상사에게 먼저 제안 한다. 상사는 기본적으로 주도적인 사람에게 힘을 실어준다. 모든 비 즈니스 세계가 이렇다. 만고불변의 법칙이다.

주도적인 사람, 나는 해당될까?

열정적이고 집요하며 주도적인 사람은, 당연히 인정받는 사람으로 성장한다. 위에서 설명한 내용을 머릿속에 정리한 뒤, 여러분의 사고 와 행동을 하나씩 바꿔 보길 추천한다. 그런데 지금 당장 자기소개서 쓰고 면접을 봐야 한다면, 아래의 주도적인 사람의 특징을 나의 경험 과 매칭시켜보자.

첫째, 남이 하기 싫어하는 일에 솔선수범하는 모습을 보인다. 조직의 성과를 위해 반드시 해야 하는 일이지만, 다들 하기 싫어하며 아무도 해결하지 못했던 상황을 해결한 경험을 어필해서 주도성을 입증해보 자.

둘째, 기다리지 않고 스스로 해결책을 찾아낸다. 해결책이 맞고 틀 리고는 중요하지 않다. 고객의 니즈를 발견한 뒤, 할 수 있는 범위 내 에서 끊임없이 아이디어를 쏟아낸 경험이 있는가? 이 수준까지는 아니더라도, 자신이 할 수 있는 영역 내에서 고객의 니즈를 해결한 경험이 있는가? 이는 문제해결능력, 주도성, 열정과 집요함의 사례로 쓸 수 있다. 열정을 가지고 도전한 어떤 경험을 성공 경험까지 연결시킬 수 있다면, 주도성을 어필하는 요소로 사용해보자.

셋째, 언어가 다르다. 평소 사용하는 어휘는 그 사람의 사고를 드러낸다. 여러분이 어떤 단어를 사용하고, 그 단어를 어떤 표정으로 말하는가는 매우 중요하다. 주도적인 사람은 보통 에너지가 넘친다. 그들이 사용하는 언어의 특징은 "할 수 있다!"와 같은 긍정의 언어다. 할 수 있다는 언어가 습관화됐기에, 실제로 돌파한 경험이 많다.

그래서 면접관들이 허를 찌르는 질문을 하는 것이다. 그 사람이 진짜 긍정적인 도전을 할 수 있는 사람인지 검증하기 위해서이다. 만들어 낸 긍정은 드러나기 마련이다.

(✕) 핵심 Point!

주도적인 사람의 핵심요소를 3가지로 정리했다. 여러분의 삶에서 이런 경험은 작더라도 반드시 있다. 좌절하지 말고 경험을 재해석해보자. 경험을 분해하며 올바른 포인트를 가지고 해석하면, 생각보다 훨씬 더 어필할 만한 경험을 발견하게 될 것이다.

Q 전 직장에서 힘들었던 점을 물어보는 이유는 힘들었던 점을 주도적으로 극복한 경험을 말씀드리면 되나요? 질문 의도를 모르겠어요.

A   주도성으로 답변하면 질문의 의도와 포인트가 다를 수 있다. 면접관이 힘들었던 점을 물어보는 건, 보통 그 사람이 어떤 환경에서 생산성 저하가 일어나는지 확인하는 것이다. 우리 회사의 환경과 그 사람이 힘들어 하는 환경을 비교하려는 의도가 가장 크다.

그럼에도 불구하고 힘든 환경을 주도성을 가지고 극복한 경험이 있다면, 그 경험으로 답변하는 것이 매우 좋다. 여기서 핵심은 '극복'이라는 키워드다. 주도적인 사람은 포기하지 않을 뿐만 아니라, 환경을 탓하지 않는다. 그래서 다른 사람에게 긍정적인 영향을 주고, 문제를 해결해낸다. 즉, 힘들었던 점을 물어보는 면접관에게 주도적으로 극복한 경험으로 화답하는 것은 '우문현답'이라 할 수 있다.

기업은 언제나 시간과 돈과 사람이 부족하다. 그걸 이겨내자고 조직으로 모인 게 회사다. 그러다 보니 아무래도 불평불만하며 이걸 해결해주면 성과 낼 수 있다 주장하는 사람보다는, 스스로 문제를 해결해나가고 제안하는 주도적인 사람을 선호할 수밖에 없다.

모든 질문에 주도성을 주제로 답변하는 것은 매우 좋은 방식이다. 다만, 주도성을 설명하기 위해서 명심해야 할 사항이 있다. 주도성을 설명할 경험의 근거를 명확히 제시해야 한다. 그게 없이 주도적이라고 말하는 것은 추상적인 자기 주장에 그칠 뿐이다. 어려움을 극복한 경험을 정리하자. 애매한 질문에 매우 훌륭한 답변이 될 수 있다.

Q 주도성이라는 건 역량이 될 수 없는걸까요?

A 　주도성은 성향에 해당한다. 주도적인 성향을 가지고 있어 다른 사람에게 끌려다니기보다 스스로 주체가 된다는 말이다. 즉, 주도성을 역량으로 표현하기 위해 단어를 바꿔 표현하는 게 더욱 명쾌하다. 리더십, 개척력, 추진력, 실행력, 문제해결능력, 목표 달성능력 등으로 바꿀 수 있다. 단순히 단어만 바꿨음에도, 당신을 설명하는 개념이 바뀐다. 그래서 역량이라는 개념이 등장한 것이고, 평가의 중요한 지표로 사용되는 것이다. 위 역량 중에서 나를 잘 설명하는 구체적인 한 단어를 정하고, 이를 증명할 경험 근거를 붙여보자.

　주도성을 통해 성과 냈던 사례를 뽑아내라. 그 안에서 내가 주도적으로 한 일의 속성을 역량으로 설명하면 된다. 즉, 주도성 자체는 역량이 될 수 없다. 하지만 역량을 설명하는 정말 중요한 요소가 된다.

CHAPTER 7

1 면접 기본기

두괄식 답변

면접관은 주어진 시간 안에 많은 일을 처리하는 사람들이다. 그래서 짧은 시간동안 핵심을 전달하는 게 습관화되어 있다. 본인 자체가 그렇다보니, 면접에서 지원자가 핵심이 아닌 말을 하면 중간에 말을 자르기도 한다. 사실 비즈니스 미팅에서 이런 일이 빈번하게 일어나기에 굳이 큰 문제가 아님에도, 면접에 임한 우리는 크게 당황한다.

필살기 뿐만 아니라, 배경과 의도까지 극적인 효과로써 화룡점정을 찍으려 엄청 외워왔는데, 중간에 말이 끊겼다면? 순간 많은 생각이 스쳐 지나간다. '이건 언제 다시 이야기할 수 있으려나?' 등의 질문이 뇌리를 스치면서 자신감이 하락된다. 그때부터 당신의 멘탈은 급격히 무너진다. 면접관이 나를 쳐다보면 무섭기까지 하다. 더 이상 면접에 임하기 어려운 상태가 된다.

즉, 필살기를 가장 먼저 어필하는 **두괄식 화법이 중요한 이유의 핵심**은, 우리의 마인드를 지키기 위함이다.

관련 영상
면접관이 원하는, 두괄식 답변을 알려주마! (말을 짧게 하는게 두괄식이 아니야...)

두괄식 화법이란

두괄식 화법이 어려운 이유는 평소 그렇게 말하지 않아서이다. 이는 이론으로 정리한다고 하루아침에 습득되지 않는다. 지금부터라도 두괄식으로 말하기를 연습해보자. 충분히 할 수 있다.

먼저 두괄식 화법과 아닌 화법을 구분해보자. 두괄식 화법의 첫 번째 형태는 YES or NO로 답변하기로, 질문에 맞는 결론부터 먼저 제시하는 화법이다. 예를 들어 "그 커피 맛있나요?"라고 물어보면 "이 커피는 에디오피아 예가체프로서.."의 방식이 아닌, "네. 맛있습니다", "네, 오늘 날씨랑 잘 어울리네요."처럼 YES or NO로 답변한 뒤에 자세한 이야기를 하는 것이다.

두 번째는 숫자와 결과물로 답변하기이다. 예를 들어 "지금 몇 시, 몇 분인가요?"라고 질문했는데, "이 시계로 말할 것 같으면~"처럼 주변 상황 먼저 설명하는 게 아니다. "네 10시 10분입니다." 이렇게 간결하게 답변하는 것이 듣고 싶은 답변이다.

CHAPTER 7

이렇게 설명해도 두괄식 화법의 개념이 모호할 수 있다. 두괄식이 아닌 화법까지 알아보면 이해가 더욱 쉽다. 두괄식이 아닌 화법은 배경, 의도, 프로세스 등을 먼저 제시하는 것이다. 대부분 이처럼 답변하기에, 핵심을 전하지 못한 채 중간에 막힐 가능성이 높다.

이렇게 답변하는 몇 가지 이유가 있는데, 보통 답을 모르거나 결과물이 없을 경우 설명이 장황해진다. 나의 의도와 결과물이 명확하면 말하는 방식만 연습하면 된다. 그런데 결과물 자체가 없다면 두괄식 화법을 연습하는 것도 쉽지 않다. 그래서 면접 준비, 취업 준비의 시작은 말하기 연습이 아닌 경험 만들기인 것이다.

면접관이 질문하면 두괄식으로 아주 짧게 답변한 뒤, 면접관의 얼굴을 살펴보자. 좀 더 궁금해하는 것 같은가? 그때 배경, 의도, 프로세스를 설명하면 된다.

 핵심 Point !

'필살기'를 '두괄식'으로 말하자.

[Youtube 댓글 질문] Min Cheul Lee 👍 454, 슈퍼울트라갓킹제네럴엠퍼러 👍 42

Q 결국 말 잘하는 사람 뽑는 거 아닌가요?

A 말을 잘하기 위해 필요한 게 무엇일까? 자극적인 표현일 수 있지만, 이해를 돕기 위해 과감히 사용한다. '머릿속에 든 게 있어야 한다.' 단순히 현란한 말재주만을 가진 사람을 면접관이 파악하지 못한다면 큰일 날 회사이다.

머릿속에 든 게 있다는 의미는 많이 공부하고 독서한다는 뜻도 되지만, 깊이 있는 생각을 하고 있는가가 더 적합한 말이다. 아무리 학력이 좋고, 잡지식이 많아도 실제 성과 내는데 전혀 도움 되지 않는 헛똑똑이들도 많다. 그래서 내가 인사를 하고 면접을 하면서 항상 주의했던 점이, 말만 잘하는 사람을 먼저 골라내는 것이었다. 말을 잘하는 것을 영업이나 협상 등에 사용하면 좋은 직무 역량이지만, 면접관의 눈 가림 용도로 사용한다면 최악의 지원자이다. 회사에 들어와도 상사의 눈을 가리고, 왜곡된 정보를 전달해서 많은 이들을 혼란케 할 사람이기 때문이다.

내 영상 중 '이런 답변하는 사람 그냥 뽑았다.'를 시청해보길 바란다. 단순히 말 잘하는 사람을 지칭한 게 아니다. 어떤 환경이라도 남 탓하지 않고 주도적으로 성과를 내는 사람들, 안 되는 방법을 생각하기보다 되는 방법을 찾아 기필코 해내는 사람들, 이러한 DNA가 보이면 주저 없이 선발했다.

당신이 그렇지 않다고 생각하는가? 그런 사람이 되도록 노력하는 게 우리의 바른 태도다. 한 걸음씩 천천히 나아가자. 할 수 있다. 드러커의 말처럼 성과를 내는 사람들의 유형이란 존재하지 않는다. 당신도 사내에서 고속 승진할 수 있고, 꼭 그렇지 않더라도 인정받으며 영향력 있는 인재로 성장할 수 있다. 당신에게 맞는 직무를 찾자. 경험이 없다면 경험에 도전하고, 지식이 부족하다면 공부해라.

당신이 할 수 있다고 진심으로 믿는다. 잠재력을 묵혀두지 말고 도전하자. 할 수 있다고 믿는 사람들과 함께 하는 커뮤니티에 참여해보자. 당신의 마인드와 사고 구조 자체가 바뀔 것이다.

Q 말주변이 없어서 두괄식으로 못 하고 횡설수설하는데 어떻게 두괄식으로 말할 수 있나요?

A 면접에서 말주변이 차지하는 비중이 얼마나 클까? 물론 말주변이 좋은 게 더듬으며 말하는 것보다 나을 것이다. 하지만 면접의 핵심은 말하기가 아니라 팩트를 가지고 있는가이다. 명확한 경험 근거가 있고, 이를 설명할 수 있다면 말을 더듬어도 상관없다.

생각해보자. 배가 아파서 병원에 갔더니 수술을 권한다. 집도의를 선택할 수 있는 병원인데, 한 의사는 와서 병의 원인을 차근차근 알려주고, 수술의 프로세스와 주요 고비 등을 설명해 준다. 뭔가 신뢰가 생기고 의지가 된다. 근데 다른 의사는 말을 더듬고 횡설수설한다. 그런데 그 더듬는 말속에 들리는 한마디가 있다. 수술 완치율 100% 집도의라는 사실이다. 자! 당신은 누구에게 나의 몸을 맡기겠는가?

조금 극단적인 비유이지만 강조하고자 하는 바는, 말주변이 아니라 그 안의 내용이 핵심이라는 점이다. 말주변이 없다고 해서 자신감을 잃지 않기 바란다.

정말 중요한 건 '경험과 관점이 있는가?'이다. 앞서 3C 4P frame을 두괄식으로 말하는 법, 수치화하는 법을 연습했다. 필살기 경험을 정리하는 게 가장 우선이다.

> **Q** 두괄식으로 말하고 있는데 결론을 듣자 마자 면접관이 말 자르고 압박 질문하는 경우는 어떻게 대처해야 하나요?

A 이런 경우는 두괄식 답변이 제대로 정리됐는지 점검해봐야 한다. 결론을 수치화하여 먼저 제시했음에도 말을 자르고 들어왔다면, 당신의 말을 들을 생각이 없다는 제스처로 받아들여도 무방하다. 즉, 어떤 대답을 하건 상관없을 수 있다는 의미다. 듣지 않아도 합격이거나, 듣지 않아도 불합격이거나, 둘 중 하나이다. 그런 경우는 어찌할 수 없는 상황이니, 할 수 있는 영역을 찾아보자. 내가 말하는 내용이 정말 두괄식인지, 두괄을 흉내 낸 것인지 점검할 필요가 있다.

면접관이 말을 자르고 압박 질문 하는 경우, 너무 당황하지 말고 정신을 잃지 말자. 뭔가 불만이 있어서 그렇게 공격적으로 질문하는 것이다. 절대 나의 페이스를 잃으면 안 된다. 면접관은 그 질문 공세를 통해 지원자의 허구성을 증명하고, 자신의 논리적 우월함을 나타내고 싶은 것이다. 경험이 별로 없는 면접관의 특징이 그렇다. 노련한 면접관은 아주 젠틀하게, 한두 개의 질문으로 지원자의 말문을 막아 버린다. 물론 말문을 막는 게 목표는 아니지만, 어디까지 답변할 수 있는지 깊이를 측정하기 위해 그렇게 하기도 한다.

답변할 수 있는 부분까지만 담백하게 답변해라. 모르거나 나의 생각과 다르게 몰려 가는 것 같을 때는 회피 기술을 써야 한다. "죄송합니다. 제가 너무 긴장해서 질문의 요지를 제대로 이해하지 못한 것 같습니다.", "죄송합니다. 질문하신 내용에 대해서는 깊이 생각해보지 않았습니다." 항상 솔직한 답이 최고다. 찬스를 잘 살리자. 할 수 있다!

마지막 할 말을 할 시점이 되면 여러분에 대한 판단이 대부분 끝났다. 그럼에도 마지막 할 말의 기회를 주는 이유가 뭘까? 회사는 기본적으로 여러분에게 잘 보이고 싶다. 합격할 사람이라면 회사의 로열티를 주고 싶고, 불합격하더라도 고객으로서 회사를 지지하고 응원해주길 바란다.

잊지 말자, 두괄식 화법!

마지막 할 말에서 도장 찍으려는 사람이 있는데, 그리 좋은 생각은 아니다. 면접관은 이미 '합격-중간-불합격'으로 모든 판단을 끝냈기 때문이다.

합격이라면 마지막에 놀라운 얘기를 안 해도 어차피 합격이다. 불합격이라면 한 번 도전해볼 수 있다. 그러나 마지막 할 말에서 대반전이 일어나는 경우는 내 경험상 3%도 안 된다. 100명 중 1-2명 정도랄까.

문제는 '중간'으로, 아직 결정이 애매한 사람이다. 합격의 당락이 보류된 사람들! 이들이 마지막 할 말에서 반전을 일으키기 위해 꽁꽁 숨

관련 영상
면접관이 밝히는, 마지막 할 말은… 아무말도 하지 말아줘! 나 힘들다고~

겨왔던 무기를 던지면, 면접관의 판단에 어떻게 작용할까?

면접관은 구조화된 면접에 대해 수없이 교육받는다. 면접관은 지금까지의 면접 과정에서 획득한 정보로 결정을 내린 이유를 정리해야 하는데, 마지막에 없던 얘기가 갑자기 튀어나오면 혼란스럽다.

어떤 경우에도, 면접관을 혼란스럽게 하는 게 가장 안 좋다. 1분 자기소개 때부터 필살기를 던져서, 질문까지 받으면 50% 이상 성공한 것이다. 다대다 또는 다대일 면접이건, 말할 수 있는 시간이 짧으면 5분 길면 15분이다. 그 시간 안에 여러분이 준비한 필살기를 반드시 던지는 것을 목표로 하자.

비즈니스맨 대화의 핵심은 두괄식 화법이다. 두괄식은 중요한 걸 먼저 얘기하는 화법이다. 중요한 핵심을 숨겨뒀다가 마지막에 공개할 필요가 없다. 면접이 어떻게 흘러갈지 예상하는 건 불가능하기에, 본인의 강점으로 제시한 필살기를 먼저 던져야 한다. 이 부분을 빨리 해결하고, 마지막에는 간단하게 감사 표현하는 게 가장 좋다.

마지막 할 말, 감사를 표현하자

감사 표현을 어떻게 해야 할까? 그동안 면접을 준비하며 현직자 만나기, 고객조사, 기업/산업분석 등 회사에 대해 조사했을 것이다. 그 과정에서 배우고 알게 된 내용을 한번 짚고, "이런 배움의 기회를 주신 것에 감사드립니다."라고 깔끔하게 마무리하면 좋다.

군이 왜 감사해야 할까? 청자의 입장에서 생각해보자. 요즘에는 감사를 표현하는 일이 현저하게 줄었다. 면접관은 작은 일 하나에도 감사할 줄 아는 사람, 인사성 밝은 사람, 주도적인 사람들을 당연히 좋게 생각한다. 마지막 표현을 감사로 마무리하면, 면접관의 머릿속에 있는 차별화된 사람으로 보일 수 있다. 군이 없다면 "없습니다."라고 해도 상관없다.

그럼에도, 3%를 위하여..!

누가 봐도 오늘 면접이 100% 망했다면, 무조건 떨어졌다는 확신이 든다면, 마지막 할 말에서 다시 한 번 필살기를 던져보자. 마음 편하게 던져라! 혹시 모르니 심기일전해서 필살기를 던지는 것이다. 내가 3%에 들지 누가 아는가!

핵심 Point!

가능하면 특별한 말을 하지 말고, 감사로 마무리하자. 어차피 망했다면 마음 편하게 질러라!

[Youtube 댓글 질문] moneyfisher 👍 765

Q **소중한 시간 내주셔서 감사하다고 했는데 떨어졌어요.**

A 이런 질문이 아주 현실적인 질문인 듯하다. 정말 중요한 본질이 있다. 마지막 할 말은 면접의 평가 요소에서 그리 중요한 요소가 아니라는 점이다. 결정적인 판단은 면접 초반부에 이뤄지고, 중반을 넘어서면서 이미 결정이 끝난다. 즉, 마지막 할 말에서 저 말을 했다고 합격에 크게 영향을 주지 않았을 것이다. 계속해서 강조하지만, 필살기를 면접 서두에 던져서 좋은 평가를 받고, 이겨 놓은 면접을 하는 게 핵심이다. 마지막 할 말이 올 때까지 나의 평가를 미루게 두지 말라. 면접은 Positive Selection 즉, 뽑을 이유가 있는 사람만 뽑는다. 끝까지 뽑을 이유를 찾지 못했다면, 마지막 할 말과 상관없이 불합격할 확률이 높다.

  마지막 할 말은, 면접의 갈무리로 이해하는 것이 가장 적절하다. 불합격했다면, 나의 경쟁력 어디가 문제였는지, 어떻게 전달했어야 했는지를 피드백하는 것이 바람직한 자세가 아닐까?

Q[1] 영미권은 마지막 할 말이 관심 표현인데 한국은 아닌가요?

👤 Jaeki Lee 👍 176

Q[2] 해외 유튜브에서 마지막 할 말을 "제가 떨어진다면 무슨 이유에서 떨어지나요?"라고 했는데 진짜 해도 되나요?

👤 GoGi 👍 5, Byunggeun Choi, Seongyong Im, 9Move, 베타배추군, 조민규, flake Snow 👍 8, Epic Dimension, 솔로몬 👍 7

A 　2가지 질문에 대한 답변을 한번에 하겠다. 예전부터 화제였던 잡인터뷰 영상이 있다. 일종의 다큐멘터리 영상인데, 수백 만의 조회수를 기록한다. 해당 영상과 우리가 경험하는 면접에는 몇 가지의 큰 차이가 있다.

　먼저 지원자가 신입이 아니라 경력을 가지고 있는 데다 면접관과 나이대가 비슷하다. 또 다대다가 아닌 1:1 면접이다. 그 외에도 영미권이라는 문화적 특성도 있을 것이다. 이런 이유 등으로, 그 영상을 그대로 적용하기에는 무리가 있다고 본다.

　신입도 물론 1:1 면접을 보지만, 경력의 1:1과 신입의 1:1은 대화의 수준과 깊이가 질적으로 다르다. 내가 호텔 사업부의 인사책임자를 할 때, 미국 시민권자들을 선발하고 대화한 적이 있다. 그들은 문화 자체가 다르고, 언어에서 풍기는 표현력이 다르다. 한국의 뿌리 깊은 유교 문화권과 비교할 수 없다. 우리나라에서 연배가 높은 면접관들에게 저런 질문을 던진다면? 그건 그냥 도발이다. 실험해보고 싶다면 해봐도 된다. 다만 결과는 불 보듯 뻔하다는 사실은 염두에 두고 도전하길 바란다.

마지막 할 말은 관심의 표현이다, 물론 맞는 말이다. 다만 그 관심을 어떻게 어필하는가가 중요하다. 즉, 이미 필살기라는 전략을 통해 충분히 어필했으니 마지막 할 말까지 또 할 필요가 없다는 말이다. 듣기 좋은 말도 반복해서 듣다 보면 지루하고 기분 나빠지는데 하물며 자기 자랑이야 오죽하겠는가.

[Youtube 댓글 질문] 👤 박도현, 별바다 👍 155, Jonhwan Park 👍 37

Q 분위기상 마지막 할 말을 해야 할 때 다른 방법은 없나요?

A 모두가 답변을 해야 하는 상황이라면 당연히 해야 한다. 다만 위의 두 가지 원칙은 염두에 두자. 마지막 할 말을 안 하는게 중요한 게 아니라, 필살기를 미리 던지고 확인시키는 것이 중요하다. 꼭 마지막 할 말을 해야 한다면, 자기소개를 조금 다른 방식으로 리마인드 시켜주고 감사 인사로 마무리 해라. 아무리 생각해도 그 이상 좋은 마지막 할 말을 보지 못했다. 뒤에서 어필한다고 바뀔 게 없는데 왜 거기에 그렇게 힘을 쓰는가?

3 AI 면접

최근 기업들은 여러 가지 형태의 다각화된 면접을 시도한다. 그중 많은 이들이 생소해 하며 어려워하는 게 AI 면접이다. 직접 경험한 AI 면접을 기반으로 이를 리뷰하려 한다. 다만 필자가 AI 면접 연구개발이나 평가를 설계하지 않았기에 정확하지 않을 수 있다. 그러나 구조화된 면접을 직접 설계했던 경험에 비추어 분석한 의견이니, 관점 정도를 참고하길 권한다.

AI 면접, 이렇게 진행된다

시작하자마자 90초 동안 자기소개를 한다. 직접 보고 내린 결론은 AI로는 자기소개를 완전하게 평가할 수 없고, 따라서 AI 면접의 자기소개는 별 의미가 없다는 것이다. 실제 면접에서는 면접자의 뉘앙스, 눈빛 등을 보며 구체적으로 평가한다. 그런데 AI 면접에서는 보통 면접자의 노트북 카메라를 이용하기 때문에 화질이 안 좋고 녹화된 영상만으로는 실제 면접 같은 구체적인 평가가 어렵기 때문이다.

관련 영상
이형의 AI 면접 리뷰! 쫄지마 형이 보니까 별거 아니야

이는 사실상 면접 느낌을 주기 위한 하나의 프로세스로 보인다. 실제 면접에서처럼 초조해할 필요가 전혀 없다.

이후에는 일반 직무적성 검사와 거의 비슷한 내용을 확인한다. 이는 정교한 기술력으로 평가하기보다, 인적성 검사를 보완하고 대체하는 프로그램 정도로 생각되었다.

상황극 질문도 있는데, 이에 대한 답변으로 실제 연기를 시킨다. 사실 이해가 잘 안 됐다. 배우를 뽑는 시간도 아니고, 평소 연기해 본 경험이 없는 사람한테 상황극을 요구하는 게 효율적일까? 이를 통해 AI가 역량을 분석할 수 있을까 의문이었다.

또 온라인 게임 면접을 본다. 공을 옮기고, 풍선을 불어 투자 시뮬레이션하는 게임 등이다. 개인의 도전, 위험 감수 성향 정도를 테스트하는 시간인 듯하다. 물론 어느 정도 객관적 파악이 가능하나 거기까지이다. 게임 자체로 직무역량을 평가하는 건 어렵다.

색깔과 숫자를 매칭시키는 게임도 있다. 이를 통해 정확도, 수리비평 능력, 논리력 테스트가 가능하다. 이는 일반 직무적성검사보다 정확할 수 있다. 클릭 횟수 등이 자동 측정되기 때문이다. 더욱 정교한 평가가 가능하다.

위치 감각, 지각능력, 키보드 또는 마우스만을 사용한 게임, 지뢰찾기 게임도 진행한다. 지뢰찾기 게임은 반복에 대한 학습능력을 테스트하는 것 같다. 한번 본 것을 얼마나 잘 기억하고, 실수를 반복하는가, 유사패턴을 얼마나 빨리 찾는가 등을 평가하는 것으로 보인다.

AI 면접의 초반부는 인적성, 중반부는 게임을 통한 논리력 테스트가 주를 이룬다. 후반부에는 온라인 면접의 형태로서 질문을 던진다. 이 때 실제 면접과 비슷한 느낌을 받았지만, 한계가 있다.

탁월한 면접관은 그 사람을 뽑아야 하는 이유를 필살기로 확인한다. AI 면접은 주로 '예 / 아니오'의 답변을 요구하는 질문으로 진행된다. 이후 답변을 선택한 이유를 묻고, 그것과 반대되는 상황으로 다시 질문한다. 이는 3단 구조로, 면접에서 흔히 사용하는 질문 구조이다.

즉, 전혀 어렵지 않다. 하나의 에피소드를 3단 구조로 구성하여 답변을 준비하면 된다. 실제 면접이 어려운 이유는, 예상치 못한 질문을 즉석에서 답해야 하기 때문이다. 예측 가능한 질문은 수월하게 답할 수 있다.

AI 면접 꿀팁

AI 면접에서 참고할 만한 몇 가지 팁을 알려주겠다. 보통 카메라를 면접관으로 생각해서 긴장하는데, 전혀 그럴 필요 없다. 그냥 녹화 방송이라고 생각하자. 또 사용하지 말라는 얘기가 없다면, 노트와 펜을 미리 준비하자. AI 면접 중간에 확률 등 계산이 필요한 때가 있다. 답변 시간으로 독해능력을 평가할 수도 있기에 펜을 준비해 시간을 줄여보자. 핵심적인 요소를 미리 적어가면 대답할 때 훨씬 수월하다. 또 진행하며 AI 면접의 핵심 포인트를 정리해 놓으면 다음 면접 때 도움이 된다.

마우스만 사용하는 시간이 있다. 이때 트랙패드보다는 마우스를 사용하자. 더 익숙한 도구를 사용하는 게 좋다.

핵심은 이것이다

AI 면접은 결국 직무적성검사의 보완격이다. 아직 완성도가 그리 높지 않다. 기업도 AI 면접을 외주로 맡기기에, 그리 신뢰하는 것 같지 않다. 실제 AI 면접에서 불합격을 받았으나 최종 합격한 사례가 있다.

그러니 긴장하지 말고 편안하게 보자. 중요한 건 여러분을 뽑아야되는 이유다. 이를 필살기로 준비하는 게 최종 합격의 지름길이다! 결국 면접에서 다 갈리니 필살기를 준비하자.

 핵심 Point!

AI 면접에 너무 많은 에너지를 쏟지 않아도 된다. 핵심은 필살기다!

Q AI 1분 자기소개랑 면접관 앞에서 하는 1분 자기소개랑 달라야 하나요?

A 같아도 되고 달라도 상관없다. 어차피 두 개가 연결되지 않는다. AI 면접 때 한 자기소개를 녹화해서 사전에 분석하는 회사가 있을지 모르지만, 내 경험으로는 없다고 확신한다. 기존에 이미 있던 정보도 차고 넘치는데, 굳이 그렇게까지 할 회사가 없을 것이다. 또 AI 면접을 대부분 외주로 주기에 정보 역시 자연스럽게 공유되지 않을 것이다.

그냥 편하게 보면 된다. AI 면접에서 하는 자기소개는 면접 느낌을 주기 위한 일종의 트릭이기에, 너무 거기에 집중할 필요가 없다.

실전면접 준비한다고 생각하고 편하게 하되, 시간 내에 마치는 것만 잘하면 충분하다. 또 전형의 순서상 AI 면접이 더 앞서니, 필살기를 완성해 나가는 과정에서 테스트한다고 생각하면 딱 맞을 것 같다.

Q AI 면접이랑 직무적성 검사랑 다르게 없나요?

A 현재는 AI 면접을 실제 면접에 적용하는 과정이라 말하는 게 정확한 표현이겠다. 그래서 직무적성 검사를 대체하는 수준이라고 설명한 것이지, 정확히 같다고 하기엔 어폐가 있을 수 있다.

기업에 따라서 AI 면접이 직무적성검사를 대체할 수 있을지 테스트하는 과정일 수도 있기에, 또는 다른 정보를 볼 수 있다는 점에서 지금은 병행하는 것일 수도 있다.

2019년 현재로서는 AI 면접이 사람의 면접을 대체할 수 없고, 수능처럼 복잡하고 어려운 직무적성검사보다는 훨씬 간편하고 단순한 전형이라는 점만 명확히 하면 될 것 같다.

그래서 내 결론은 이렇다. 아직까지 AI 면접은 직무적성 검사의 대체제라고 생각하는 것이 편하다.

[Youtube 댓글 질문] 오렌지

Q AI 면접보다가 실수로 욕설했어요.

A 이건 확실하다고 할 수 없지만, 내 생각을 말하자면 아무상관없을 것 같다. 자기소개나 상황 연기 등 실제로 음성을 판단하는 상황에 욕설한 게 아니라면 평가에 반영될 확률이 낮다고 본다.

전 내용을 녹화해서 평가한다는 게 사실상 쉽지 않고, 아직 AI가 그 정도로 정교하지 않다. 이를 평가하기 위해 중간에 욕설을 감지하는 프로그램이 있어야 하고, 그것을 태도와 뉘앙스로 해석해서 부적격 판단을 해야 하는데 우리의 AI 기술이 그 정도라고? 그렇다면 이미 세계 최고여야 한다. 아직까지 그 정도 기술을 가진 기업은 지구상에 존재하지 않는다. 안심해도 된다.

인생이 면접이다

'면접 바이블'은 취업에 시달리는 많은 구직자를 위해서 최대한 면접을 체계화하려고 노력한 결과물이다. 내 경험과 생각을 이론화 시키고 구조화시켜 예시로 이해를 돕고자 했는데, 본의 아니게 복잡해진 것 같아 미안한 마음이다. 그러다 보니 어떤 구직자는 이런 말을 푸념과 같이 던진다.

"이렇게까지 해서 취업을 해야 하나?"

나는 오히려 이렇게 되묻고 싶다. 이렇게 해서 된다면 안 할 이유가 무엇인가? 그리고 면접 준비는 단순히 취업의 문제가 아니다. 회사 생활을 해 본 직장인은 공감하겠지만, 직장 생활은 매일이 면접의 연속이다. 상사와의 대화는 면접보다 까탈스러운 경우가 많다. 고객 혹은 고객사와의 미팅은 어떤가? 나의 말 한마디로 계약이 성사되거나 실패되는 경우가 많고, 나의 관점으로 인해서 기회를 얻을 수 있는 경우가 많다. 우리의 인생은 면접이라고 해도 과언이 아니다.

'면접 바이블'에서 제시하는 방법론의 히든 커리큘럼 즉, 콘텐츠보다 강력한 메시지는 바로 끊임없이 학습하고 성장에 도전하는 것이다. 면접이라는 주제로 여러분을 만나지만, 당신의 인생이 더욱 값지고 성장하는 도구와 방법으로서 면접이 활용되길 바란다.

유튜브 채널 '면접왕 이형'과 연결하여 수많은 학습 콘텐츠, 함께 준비할 수 있는 커뮤니티, 온라인 학습 시스템 등을 제공하고 있다. 필요하다면 이 책과 함께 하면 좋을 여러 서비스를 홈페이지에서 확인하기 바란다.

얼라이브 커뮤니티 홈페이지
www.alivecommunity.co.kr

나는 앞으로도 여러분의 커리어 문제를 해결하는 여러분의 인사팀장으로서 살아갈 것을 약속한다. 우리 함께 더 나은 대한민국을 만들어 가는데 도전해 보자. 서문에서 던진 한 문장으로 이 책을 마무리하고 싶다.

"포기하지만 않으면
반드시
할 수 있다"

BONUS:
이형의 추천도서 목록

책제목	저자	추천직무
피터 드러커의 자기경영노트	피터 드러커	CEO 마인드 세팅
THE TOYOTA WAY 토요타방식	제프리 라이커	공정관리, 품질관리, 생산관리
무인양품은 90%가 구조다	마쓰이 타다미쓰	공정관리, 품질관리, 생산관리
NEXT HR	데이브 울리히 외 3인지음	인사
구글 아침은 자유가 시작된다	라즐로 복	인사
방아쇠 법칙	조셉 슈거맨	영업-협상력, 의사소통방식
그로스해킹	라이언 홀리데이	마케팅
시간을 지배하는 절대법칙	앨런 라킨	모두가 알아야 할 관점/기술
습관의 힘	찰스 두히그	모두가 알아야 할 관점/기술
디테일의 힘	왕중추	입사하자마자 사랑받는 법

글이 아닌 영상으로 보고 싶다면?
'이형'이 제안하는 취준생 10대 필독서! 같이 읽자!!

면접 바이블 2.0 (THE MYUNJUB BIBLE 2.0)

초판 1쇄 발행	2019년 5월 16일
초판 11쇄 발행	2021년 12월 27일
개정판 7쇄 발행	2024년 3월 25일

지은이	이준희(LEE HYUNG)
출판사	(주)NRD3
출판 브랜드	Alivebooks
주소	경기 과천시 과천동 377-10
이메일	official@alivecommunity.co.kr

기획 및 책임 편집 | 이준희

디자인 | 강해진

교정·교열 | 이주아, 박영서

yongseok Kang

면접왕 이형님을 최종 전에 만난 건 행운이었습니다!! 최종면접을 앞두고 막막하던 저에게 한줄기 빛이었습니다ㅜㅜㅜ덕분에 1분자기소개 수정하고 답변도 전부 두괄식으로 다시 연습해서 금융권 최합했습니다ㅜㅜ저 주변 친구들에게 전부 홍보하고 다니고 있어요!!더더 열일하셔서 우리나라에 취준생이 없게 해주세요

따뽕

안녕하세요! 작년 하반기 취준 때 대기업 여러군데 인적성 힘들게 뚫고 싹 다 면탈해버렸었는데, 이번 상반기 때 면접오빠 덕분에 처음으로 1차면접 합격, 그리고 오늘 최종면접 합격 소식을 듣게 되었습니다 !! 정말정말 가고 싶던 곳이라 더 기뻐요!! (중략) ㅎ 정말 많은 도움이 됐어요!! 임원면접에서 그렇다 할 한 방이 부족했던 것 같은데, 마지막 할말에 입사 후 포부를 잘 녹여낸 것이 좋게 작용한 것 같습니다!! 감사합니다!!!! 복받으세요 !!!!!!!!!!1

무무링

영상 넘좋아요 :) 덕분에 얼마전 항공사 일반직 취뽀했습니다. 압박면접에 날카로운 질문 오지게 받았는데 영상에서 배운대로 침착하게 정면돌파하고 당당히 합격했습니다. 감사해요 복받으세요 :)

양시헌

이형이 시키는데로 열심히 필살기를 준비해서 1차면접 2차면접까지 잘 마쳐서 오늘 최종합격을 받았습니다. 원하는 회사에서 일하게 되었습니다. 다른 친구들한테 면접왕 많이 퍼뜨릴게요!! 감사합니다!!

박종민

이형님 덕분에 전부터 가고싶던 곳에 최종합격하여 취업에 성공하였습니다. 이형님 영상보면서 전체적인 면접전형이란 것의 이해와 요구하는 '포인트'들을 이해할수 있어 좋았습니다. 무엇보다 높은 수준의 지식과 정보들을 무료로 유튜브로 편하게 이용할수 있다는 것에 감사드립니다. 그동안 영상 찍어 올려주신 것들 소중하고 세심히 보았습니다. 무엇을 전달하고자 하시는 것인지 파악하여 제것으로 만든 후 면접에서 힘껏 발휘하였습니다. 진심으로 감사의 말씀드리고 싶습니다. (중략)

Min S

안녕하세요!!! 최종 면접 때 자기소개 마지막에 버벅거려서 걱정했던 사람입니다~ 그동안 말씀해주신 내용 참고해서 면접 준비한 결과 제가 원했던 공기업에 최종 합격했습니다ㅎㅎㅎ (중략) 이렇게 좋은 퀄리티의 동영상을 그것도 무료로 공유해주셔서 꼭 감사인사 드리고 싶었습니다ㅎㅎㅎ 주위에도 많이 공유했고 저도 앞으로도 계속 구독할게요! 덕분에 정말 감사드립니다 :)

인디에어 In the Air

이형님 한번도 일면식이 없지만 계신 곳으로 절이라도 한번 올리고 싶은 심정입니다. 덕분에 취업 중견 첫 지원에 서류 인적성 1차면접 최종면접까지 한번에 통과 했어요! 너무 감사하고 진짜 친구들한테 추천 천만번 할게요!!!! 사랑합니다 감사합니다

이윤경

저 오늘 최종합격했어요!!! 저도 언젠가 이런 글을 남길 수 있을까 했는데 드디어ㅠㅠ 이형님 항상 감사했고 앞으로도 꾸준히 보겠습니다!!

정제원

면접왕 이형님 자기소개 방법으로 면접봐서 외국계 기업 합격했습니다..ㅠㅠ 제가 못 갈 거라고 생각한 기업인데.. 정말 감사합니다!! 항상 응원합니다 이형님

마인드셋

이 영상보고 집요함과 열정 어필하여 최종합격하였습니다. 퇴사 후 8개월의 공백기간동안 취업컨설팅도 받아봤지만 다른 것보다도 정말 이형님 영상이 많은 도움 되었습니다. 뒤늦게 본 것이 아쉬울 정도로요! 말씀하신 필살기경험 설정하고 집요함과 열정을 연결시켜 어필하니 정말 효과적이었던 것 같습니다. 구독하고 영상 정독했는데 진짜 주머니 가벼운 취준생을 위해 온맘다해서 가르쳐주시는 정성에 정말 감사의 말씀드립니다. 이것이 끝은 아닐것을 알고 있습니다. 앞으로 직업적 가치관 달성을 위해 지치지 않고 끝까지 달려나가겠습니다.

oyeon lovely

이형님 저 이직 합격하고왔어욤!!!! 저는 이전 직무특성상 이런 면접을 볼 기회가 없었어서 막연했었는데,, 이형님 유튜브로 제대로 배웠던 갓 같습니다!!! 넘나 감사드립니다

linglan Lee

이형님 감사해요 ^^ 덕분에 경력직 채용에 합격하였습니다. (중략) 정말 감사드리구요 주변인들에게 유튜브 소개하고 있어요(친한사람만..) 남들 알려주기 아까워서ㅋㅋ 아무튼 면접 유튜브 중에서 가장 귀에 쏙쏙 들어와요 최곤거같아 ㅋㅋ 감사했습니다. 합격했지만 그래도 종종 보겠습니다